Hainbat Sabai

Txinatar eta Tai Sukaldeko Errezetak

Mei Ling Chen

Laburpen

Txerriki pikantea 9
Txerri-opilak lurrunetan 11
Txerrikia azarekin 13
Txerrikia aza eta tomatearekin 15
Txerri marinatua azarekin 16
Apioa Txerrikia 18
Txerrikia Gaztainekin eta Perretxikoekin 19
Suey txerri txuleta 20
Txerri Chow Mein 22
Txerri Errea Chow Mein 24
Txerrikia Chutneyrekin 25
Txerrikia pepinoarekin 27
Txerri-pakete kurruskariak 28
Txerri arrautza erroiluak 29
Txerri eta otarrainxka arrautza-opilak 30
Txerriki egosia arrautzarekin 31
Suzko txerria 32
Txerri Solomo Frijitua 34
Bost Espezia Txerriki 35
Txerri lurrintsu egosia 36
Txerrikia baratxuri xehatuarekin 38
Txerri frijitua jengibrearekin 39
Txerrikia lekarekin 40
Txerri urdaiazpiko eta tofuarekin 41
Txerri Kebab Frijituak 43
Txerri-txirra saltsa gorrian errea 44
Txerri marinatua 46
Txerri Saiheski Marinatua 47
Txerrikia perretxikoekin 48
Haragi Tarta lurrunetan 49
Txerri Egosi Perretxikoekin 50
Txerrikia fideo krepearekin 51

Txerri eta ganbak fideo krepearekin 52
Txerrikia ostra saltsarekin 53
Txerrikia kakahueteekin 54
Txerrikia piperrekin 56
Txerri pikantea pikulekin 57
Txerrikia aran saltsarekin 59
Txerrikia ganbekin 60
Gorriz egositako txerria 61
Txerrikia saltsa gorrian 62
Txerrikia arroz fideoekin 64
Txerri-patak oparoak 66
Txerri txuletak erreak 67
Txerri pikantea 68
Txerri xerra irristakorrak 70
Txerrikia espinakak eta azenarioekin 71
Txerri lurrunetan 72
Txerri frijitua 73
Txerrikia Patata Gozoekin 74
Txerri gazi-gozoa 75
Txerri gazia 77
Txerri tofuarekin 78
Txerri Frijitua 79
Bi aldiz egositako txerrikia 80
Txerrikia barazkiekin 80
Txerrikia intxaurrekin 83
Txerri Dumplings 84
Txerrikia Ur Gaztainekin 85
Txerri eta otarrainxka wontonak 86
Albondigak xehatuta lurrunetan 87
Saiheskia babarrun beltz saltsarekin 89
Saiheskia plantxan 91
Astigar-saiheskia plantxan 92
Saiheski Frijituak 93
Saiheskia Porruarekin 94
Saiheskia Perretxikoekin 96
Saiheskia laranjarekin 97

Anana saiheskia ... 99
Ganba-saiheski kurruskaria ... 101
Saiheskia arroz ardoan ... 102
Txerri saiheskia sesamo haziekin ... 103
Saiheski gazi-gozoa ... 105
Saiheski salteatua ... 107
Saiheskia tomatearekin ... 108
Txerri errea barbakoan ... 110
Txerri hotza mostazarekin ... 111
Oilaskoa banbu-kimuekin ... 112
Urdaiazpiko lurrunetan ... 113
Hirugiharra azarekin ... 114
Almendra oilaskoa ... 115
Oilaskoa Almendra eta Uretako Gaztainekin ... 117
Oilaskoa almendra eta barazkiekin ... 118
Oilaskoa Anisarekin ... 120
Oilaskoa abrikotekin ... 122
Oilaskoa zainzuriekin ... 123
Berenjena Oilaskoa ... 124
Oilaskoa hirugiharra bildua ... 125
Oilaskoa baba kimuekin ... 126
Oilaskoa babarrun beltz saltsarekin ... 127
Oilaskoa Brokoliarekin ... 129
Oilaskoa aza eta kakahueteekin ... 131
Oilaskoa anaardoekin ... 132
Oilaskoa gaztainekin ... 134
Txile Oilasko Pikantea ... 135
Oilaskoa piperminarekin frijitua ... 137
Txinako oilaskoa ... 139
Oilasko Chow Mein ... 141
Oilasko Pikante Frijitua Kurruskaria ... 143
Oilasko frijitua pepinoarekin ... 145
Oilasko curry eta pipermina ... 147
Txinako Curry Oilaskoa ... 149
Curry Oilasko Azkarra ... 150
Oilasko curry patatekin ... 151

Oilasko Izterrak Frijituak	152
Oilasko frijitua curry saltsarekin	153
"mozkortuta" oilaskoa	154
Oilaskoa arrautzekin	156
Oilasko Arrautza Erroiluak	158
Oilasko errea arrautzekin	160
Ekialde Urruneko oilaskoa	162
Oilasko Foo Yung	164
Urdaiazpikoa eta oilaskoa Foo Yung	165
Oilasko frijitua jengibrearekin	166
Jengibre Oilaskoa	167
Jengibrezko oilaskoa perretxiko eta gaztainekin	168
Urrezko oilaskoa	169
Urrezko oilasko gisatua marinatua	170
Oilasko lurrunetan urdaiazpikoarekin	172
Oilaskoa Hoisin saltsarekin	173
Ezti oilaskoa	175
Kung Pao oilaskoa	176
Oilaskoa Porruarekin	178
Oilaskoa Limoiarekin	179
Zartaginean Limoi Oilaskoa	181
Oilasko gibelak banbu-kimuekin	183
Oilasko Gibel Frijitua	184
Oilasko Gibelak Mangetoutarekin	185
Oilasko gibelak fideo krepearekin	187
Oilasko gibelak ostra saltsarekin	187
Oilasko gibelak ananarekin	188
Oilasko gibel gazi-gozoa	189
Oilaskoa Litxiarekin	190
Oilaskoa litxi saltsarekin	192
Oilaskoa Mangetoutarekin	194
Oilaskoa Mangoekin	195
Oilaskoa eta meloia	197
Oilasko eta perretxikoak frijituak	198
Oilaskoa perretxiko eta kakahueteekin	199
Oilasko frijitua perretxikoekin	201

Oilasko lurrunetan perretxikoekin *203*
Oilaskoa Tipularekin *204*
Oilaskoa laranja eta limoiarekin *205*
Oilaskoa ostra saltsarekin *206*
Kakahuete Gurina Oilaskoa *207*
Oilaskoa ilarrekin *209*
Pekingo Oilaskoa *210*
Oilaskoa Piperrekin *211*
Oilaskoa piperrekin frijitua *213*

Txerriki pikantea

4 lagunentzat

450 g / 1 lb. txerriki, zatituta
gatza eta piperra
30 ml / 2 koilarakada soja saltsa
30 ml / 2 koilarakada hoisin saltsa
45 ml / 3 koilarakada kakahuete olio
120 ml / 4 fl oz / ½ Kopako arroz ardoa edo jerez lehorra
300 ml / ½ pt / 1¼ edalontzi oilasko salda
5 ml / 1 koilaratxo bost espezia hauts
6 udaberriko tipula (eskalola), txikituta
225 g ostra perretxikoak, xerratan
15 ml / 1 koilarakada arto-irina (arto-almidoia)

Ondu haragia gatz eta piperrez. Jarri plater batean eta nahastu soja saltsa eta hoisin saltsa. Estali eta utzi marinatzen 1 orduz. Berotu olioa eta frijitu haragia gorritu arte. Gehitu ardoa edo jerez, salda eta bost espezien hautsa, irakiten jarri, estali eta sutan egosi ordubetez. Gehitu tipula eta perretxikoak, kendu tapa eta egosi beste 4 minutuz. Nahastu arto-almidoia ur pixka batekin, berriro irakiten jarri eta irakiten utzi, eraginez, 3 minutuz saltsa loditu arte.

Txerri-opilak lurrunetan

12rako

30 ml / 2 koilarakada hoisin saltsa

15 ml / 1 koilarakada ostra saltsa

15 ml / 1 koilarakada soja saltsa

2,5 ml / ½ koilaratxo sesamo olioa

30 ml / 2 koilarakada kakahuete olio

10 ml / 2 koilarakada jengibre erro birrindua

1 baratxuri ale, birrindua

300 ml / ½ pt / 1¼ edalontzi ur

15 ml / 1 koilarakada arto-irina (arto-almidoia)

225 g txerri egosi, fin-fin txikituta

4 udaberriko tipula (eskaltza), fin-fin txikituta

350 g / 12 oz / 3 edalontzi irina arrunta (helburu guztietarako)

15 ml / 1 koilarakada gozogintza hauts

2,5 ml / ½ koilaratxo gatza

50 g / 2 oz / ½ Kopako gantza

5 ml / 1 koilaratxo ardo ozpin

12 x 13cm / 5 argizarizko paper karratu

Nahasi hoisin, ostra eta soja saltsak eta sesamo olioa. Berotu olioa eta frijitu jengibrea eta baratxuria pixka bat gorritu arte.

Gehitu saltsa nahasketa eta salteatu 2 minutuz. Nahastu 120 ml / 4 fl oz / ½ Kopako ur arto-almidoiarekin eta irabiatu zartaginean. Ekarri irakiten, irabiatuz, eta gero sutan jarri nahasketa loditu arte. Irabiatu txerrikia eta tipula eta utzi hozten.

Nahastu irina, gozogintza hautsa eta gatza. Igurtzi gantza nahasketa ogi birrindu fina izan arte. Ardo-ozpina eta gainerako ura nahastu, gero irinarekin nahastu ore sendo bat osatzeko. Oratu sueztitu irinezko gainazalean, gero estali eta utzi atseden 20 minutuz.

Orea berriro oratu ondoren 12tan banatu eta bakoitza bola batean osatu. Biratu 15 cm / 6 biribilka irinez egindako lan-azalera batean. Jarri betegarri koilarakada zirkulu bakoitzaren erdian, garbitu ertzak urarekin eta lotu ertzak elkarrekin betegarria zigilatzeko. Ornitu argizarizko paper karratu bakoitzaren alde bat olioz. Jarri ogitarteko bakoitza paper karratu batean, josturak behera. Jarri opilak geruza bakarrean lurrunezko erretilu batean sutan dagoen uraren gainean. Estali eta lurrunetan jarri opilak 20 minutu inguru egosi arte.

Txerrikia azarekin

4 lagunentzat

6 perretxiko txinatar lehor

30 ml / 2 koilarakada kakahuete olio

450g/1lb txerri, zerrendatan moztuta

2 tipula, xerratan

2 piper gorri, zerrendatan moztuta

350 g aza zuri, birrindua

2 baratxuri ale, xehatuta

2 pieza zurtoin jengibrea, xehatuta

30 ml / 2 koilarakada ezti

45 ml / 3 koilarakada soja saltsa

120 ml / 4 fl oz / ½ Kopako ardo zuri lehorra

gatza eta piperra

10 ml / 2 koilarakada arto-irina (arto-almidoia)

15 ml / 1 koilarakada ur

Beratu perretxikoak ur epeletan 30 minutuz, ondoren xukatu. Kendu zurtoinak eta moztu txapelak. Berotu olioa eta frijitu txerrikia pixka bat gorritu arte. Gehitu barazkiak, baratxuria eta jengibrea eta frijitu 1 minutuz. Gehitu eztia, soja saltsa eta ardoa, irakiten jarri, estali eta egosi 40 minutuz haragia egosi arte. Ondu gatza eta piperbeltza. Nahastu arto-irina eta ura eta nahasi zartaginean. Ekarri irakiten, etengabe nahastuz, eta sutan jarri minutu 1 batez.

Txerrikia aza eta tomatearekin

4 lagunentzat

30 ml / 2 koilarakada kakahuete olio
450 g/1 lb txerri giharrak, xaflatan moztuta
gatza eta piperbeltza xehatu berria
1 baratxuri ale, birrindua
1 tipula, fin-fin txikituta
½ aza, birrindua
450 g tomate, zuritu eta laurdenetan
250 ml / 8 fl oz / 1 Kopako salda
30 ml / 2 koilarakada arto-irina (arto-almidoia)
15 ml / 1 koilarakada soja saltsa
60 ml / 4 koilarakada ur

Berotu olioa eta frijitu txerri-haragia, gatza, piperra, baratxuria eta tipula pixka bat gorritu arte. Gehitu aza, tomatea eta salda, irakiten jarri, estali eta egosi 10 minutuz aza samurra egon arte. Nahasi arto-irina, soja saltsa eta ura ore batean, nahasi zartaginean eta sutan jarri, eraginez, saltsa garbitu eta loditu arte.

Txerri marinatua azarekin

4 lagunentzat

350 g txerri sabela

2 udaberriko tipula (eskalola), txikituta

1 jengibre erro xerra, xehatuta

1 kanela makila

3 izar anis ale

45 ml / 3 koilarakada azukre marroia

600 ml / 1pt / 2½ edalontzi ur

15 ml / 1 koilarakada kakahuete olio

15 ml / 1 koilarakada soja saltsa

5 ml / 1 koilaratxo tomate ore (kontzentratua)

5 ml / 1 koilaratxo ostra saltsa

100 g / 4 oz bok choy bihotz

100g / 4oz pak choi

Ebaki txerrikia 10 cm / 4 zatitan eta jarri ontzi batean. Gehitu tipula, jengibrea, kanela, izar anisa, azukrea eta ura eta utzi 40 minutuz. Berotu olioa, kendu txerrikia marinadatik eta gehitu zartaginean. Frijitu pixka bat gorritu arte, gero gehitu soja saltsa, tomate purea eta ostra saltsa. Irakiten jarri eta 30 minutu inguru egosi txerri-haragia samurra egon arte eta likidoa gutxitu arte, egosterakoan ur apur bat gehitu behar izanez gero.

Bitartean, lurrunetan jarri aza-bihotzak eta pak choi ur irakinaren gainean 10 minutuz, bigundu arte. Jarri itzazu erretilu epel batean, txerri-haragia jarri eta saltsa gainean jarri.

Apioa Txerrikia

4 lagunentzat

45 ml / 3 koilarakada kakahuete olio
1 baratxuri ale, birrindua
1 udaberriko tipula (eskalola), xehatuta
1 jengibre erro xerra, xehatuta
225 g txerri giharrak, zerrendatan moztuta
100 g apioa, xerra finetan moztuta
45 ml / 3 koilarakada soja saltsa
15 ml / 1 koilarakada arroz ardoa edo jerez lehorra
5 ml / 1 koilaratxo arto-irina (arto-almidoia)

Berotu olioa eta salteatu baratxuria, tipula eta jengibrea pixka bat gorritu arte. Gehitu txerrikia eta frijitu 10 minutuz gorritu arte. Gehitu apioa eta frijitu 3 minutuz. Gehitu gainerako osagaiak eta frijitu 3 minutuz.

Txerrikia Gaztainekin eta Perretxikoekin

4 lagunentzat

4 perretxiko txinatar lehor

100 g / 4 oz / 1 kopa gaztain

30 ml / 2 koilarakada kakahuete olio

2,5 ml / ½ koilaratxo gatza

450 g/1 lb txerri giharrak, kuboak

15 ml / 1 koilarakada soja saltsa

375 ml oilasko salda

100 g ur-gaztaina, xerratan

Beratu perretxikoak ur epeletan 30 minutuz, ondoren xukatu. Kendu zurtoinak eta erdira moztu txapelak. Zuritu gaztainak ur irakinetan minutu 1 eta gero xukatu. Berotu olioa eta gatza, gero frijitu txerri-haragia pixka bat gorritu arte. Gehitu soja saltsa eta frijitu 1 minutuz. Gehitu salda eta irakiten jarri. Gehitu gaztainak eta ur-gaztainak, berriro irakiten jarri, estali eta sutan jarri 1,5 ordu inguru haragia samurra egon arte.

Suey txerri txuleta

4 lagunentzat

100 g / 4 oz banbu-kimuak, zerrendatan moztuta
100 g ur-gaztaina, xerra finetan moztuta
60 ml / 4 koilarakada kakahuete olio
3 udaberriko tipula (eskalola), txikituta
2 baratxuri ale, xehatuta
1 jengibre erro xerra, xehatuta
225 g txerri giharrak, zerrendatan moztuta
45 ml / 3 koilarakada soja saltsa
15 ml / 1 koilarakada arroz ardoa edo jerez lehorra
5 ml / 1 koilaratxo gatza
5 ml / 1 koilaratxo azukre
piper xehatu berria
15 ml / 1 koilarakada arto-irina (arto-almidoia)

Zuritu banbu-kimuak eta gaztainak ur irakinetan 2 minutuz, ondoren xukatu eta lehortu. Berotu 45 ml / 3 tbsp olio eta frijitu tipula, baratxuria eta jengibrea pixka bat gorritu arte. Gehitu txerrikia eta frijitu 4 minutuz. Kendu zartaginetik.

Berotu gainerako olioa eta salteatu barazkiak 3 minutuz. Gehitu txerria, soja saltsa, ardoa edo jerez, gatza, azukrea eta piper pixka bat eta frijitu 4 minutuz. Nahastu arto-irina ur pixka batekin, zartaginera nahasi eta sutan jarri, eraginez, saltsa garbitu eta loditu arte.

Txerri Chow Mein

4 lagunentzat

4 perretxiko txinatar lehor
30 ml / 2 koilarakada kakahuete olio
2,5 ml / ½ koilaratxo gatza
4 udaberriko tipula (eskalola), txikituta
225 g txerri giharrak, zerrendatan moztuta
15 ml / 1 koilarakada soja saltsa
5 ml / 1 koilaratxo azukre
3 zurtoin apioa, txikituta
1 tipula, zatitan moztuta
100 g perretxiko, erditik moztuta
120 ml / 4 fl oz / ½ Kopako oilasko salda
fideoak frijituak

Beratu perretxikoak ur epeletan 30 minutuz, ondoren xukatu. Kendu zurtoinak eta moztu txapelak. Berotu olioa eta gatza eta frijitu tipula bigundu arte. Gehitu txerrikia eta frijitu pixka bat gorritu arte. Nahastu soja saltsa, azukrea, apioa, tipula eta perretxiko freskoak zein lehorrak eta frijitu 4 minutu inguruz osagaiak ondo nahastu arte. Gehitu salda eta egosi 3 minutuz.

Gehitu fideoen erdia zartaginean eta nahastu astiro-astiro, gero gehitu gainerako fideoak eta irabiatu berotu arte.

Txerri Errea Chow Mein

4 lagunentzat

100 g babarrun kimu
45 ml / 3 koilarakada kakahuete olio
100 g Txinako aza, birrindua
225 g txerri errea, xerratan
5 ml / 1 koilaratxo gatza
15 ml / 1 koilarakada arroz ardoa edo jerez lehorra

Zuritu babarrun-kimuak ur irakinetan 4 minutuz, ondoren xukatu. Berotu olioa eta salteatu babarrun-kimuak eta aza bigundu arte. Gehitu txerrikia, gatza eta jerez eta frijitu berotu arte. Gehitu xukatutako fideoen erdia zartaginean eta irabiatu astiro-astiro berotu arte. Gehitu gainerako fideoak eta irabiatu berotu arte.

Txerrikia Chutneyrekin

4 lagunentzat

5 ml / 1 koilaratxo bost espezia hauts

5 ml / 1 koilaratxo curry hautsa

450g/1lb txerri, zerrendatan moztuta

30 ml / 2 koilarakada kakahuete olio

6 udaberriko tipula (scallion), zerrendatan moztuta

1 apio zurtoina, zerrendatan moztuta

100 g babarrun kimu

1 x 200 g / 7 oz pote txinatar ozpinetako gozoak, zatituta

45 ml / 3 koilarakada mango txutney

30 ml / 2 koilarakada soja saltsa

30 ml / 2 koilarakada tomate purea (pasta)

150 ml / ¼ pt / ½ Kopako oilasko salda eskuzabala

10 ml / 2 koilarakada arto-irina (arto-almidoia)

Igurtzi espeziak ondo txerriarekin. Berotu olioa eta frijitu txahala 8 minutuz edo egosi arte. Kendu zartaginetik. Gehitu barazkiak zartaginean eta frijitu 5 minutuz. Itzuli txerrikia zartaginera gainerako osagai guztiekin, arto-irina izan ezik. Mugitu berotu arte. Nahastu arto-almidoia ur pixka batekin, nahasi zartaginean eta sutan jarri, eraginez, saltsa loditu arte.

Txerrikia pepinoarekin

4 lagunentzat

225 g txerri giharrak, zerrendatan moztuta
30 ml/2 koilarakada irina arrunta (helburu guztietarako)
gatza eta piperbeltza xehatu berria
60 ml / 4 koilarakada kakahuete olio
225 g pepino, zuritu eta xerratan
30 ml / 2 koilarakada soja saltsa

Jarri txerrikia irinan eta gatza eta piperbeltzarekin ondu.

Berotu olioa eta frijitu txerrikia 5 minutu inguru egosi arte.

Gehitu pepinoa eta soja saltsa eta frijitu beste 4 minutuz.

Egiaztatu eta egokitu ontzea eta zerbitzatu arroz frijituarekin.

Txerri-pakete kurruskariak

4 lagunentzat

4 perretxiko txinatar lehor
30 ml / 2 koilarakada kakahuete olio
225 g txerri solomoa, xehatuta (lurra)
50 g ganba zuritu, txikituta
15 ml / 1 koilarakada soja saltsa
15 ml / 1 koilarakada arto-irina (arto-almidoia)
30 ml / 2 koilarakada ur
8 udaberriko erroiluen bilgarri
100 g / 4 oz / 1 kopa arto-irina (arto-almidoia)
frijitu olioa

Beratu perretxikoak ur epeletan 30 minutuz, ondoren xukatu. Kendu zurtoinak eta txikitu txapelak fin-fin. Berotu olioa eta salteatu perretxikoak, txerria, ganbak eta soja saltsa 2 minutuz. Nahastu arto-irina eta ura ore batean eta tolestu nahasketara betegarria egiteko.

Bilgarriak zerrendatan moztu, bakoitzaren muturrean betegarri apur bat jarri eta triangeluetan sartu, irin eta ur pixka batekin itxiz. Hautsa eskuzabal arto-irizarekin. Berotu olioa eta frijitu triangeluak kurruskaria eta urre kolorekoa izan arte. Xukatu ondo zerbitzatu aurretik.

Txerri arrautza erroiluak

4 lagunentzat
225 g txerri giharrak, birrindua
1 jengibre erro xerra, xehatuta
1 tipula txikitua
15 ml / 1 koilarakada soja saltsa
15 ml / 1 koilarakada ur
12 arrautza biribildu
1 arrautza, irabiatua
frijitu olioa

Txerrikia, jengibrea, tipula, soja saltsa eta ura nahastu. Jarri betegarriren zati bat azal bakoitzaren erdian eta orraztu ertzak arrautza irabiatuarekin. Tolestu alboak eta gero arrautza-erroilua zugandik urrundu, ertzak arrautzarekin zigilatu. Egosi erretilu batean lurrun-ontzian 30 minutuz txerrikia egosi arte. Berotu olioa eta frijitu minutu batzuetan kurruskaria eta gorritu arte.

Txerri eta otarrainxka arrautza-opilak

4 lagunentzat

30 ml / 2 koilarakada kakahuete olio
225 g txerri giharrak, birrindua
6 udaberriko tipula (eskalola), txikituta
225 g babarrun kimu
100 g ganba zuritu, txikituta
15 ml / 1 koilarakada soja saltsa
2,5 ml / ½ koilaratxo gatza
12 arrautza biribildu
1 arrautza, irabiatua
frijitu olioa

Berotu olioa eta frijitu txerri-haragia eta tipula pixka bat gorritu arte. Bitartean, zuritu babarrun-kimuak ur irakinetan 2 minutuz eta xukatu. Gehitu babarrun-kimuak zartaginean eta frijitu minutu 1z. Gehitu ganbak, soja saltsa eta gatza eta frijitu 2 minutuz. Utzi hozten.

Jarri betegarriren zati bat azal bakoitzaren erdian eta orraztu ertzak arrautza irabiatuarekin. Alboetan tolestu eta gero arrautza-erroiluak bildu, ertzak arrautzarekin zigilatu. Berotu olioa eta frijitu arrautza-erroiluak kurruskaria eta gorritu arte.

Txerriki egosia arrautzarekin

4 lagunentzat

450 g / 1 lb txerri giharrak

30 ml / 2 koilarakada kakahuete olio

1 tipula, txikituta

90 ml / 6 koilarakada soja saltsa

45 ml / 3 tbsp arroz ardoa edo jerez lehorra

15 ml / 1 koilarakada azukre marroia

3 arrautza gogorrak (gogor egosiak)

Jarri ur lapiko bat irakiten, gehitu txerria, berriro irakiten jarri eta irakiten itxi arte. Kendu zartaginetik, ondo xukatu eta dadotan moztu. Berotu olioa eta frijitu tipula bigundu arte. Gehitu txerrikia eta frijitu pixka bat gorritu arte. Nahasi soja saltsa, ardoa edo jerez eta azukrea, estali eta irakiten utzi 30 minutuz, noizean behin irabiatuz. Sueztitu arrautzen kanpoaldea eta gehitu zartaginean, estali eta egosi beste 30 minutuz.

Suzko txerria

4 lagunentzat

450 g txerri-solomoa, zerrendatan moztuta
30 ml / 2 koilarakada soja saltsa
30 ml / 2 koilarakada hoisin saltsa
5 ml / 1 koilaratxo bost espezia hauts
15 ml / 1 koilarakada piper
15 ml / 1 koilarakada azukre marroia
15 ml / 1 koilarakada sesamo olio
30 ml / 2 koilarakada kakahuete olio
6 udaberriko tipula (eskalola), txikituta
1 piper berde, zatitan moztuta
200 g babarrun kimu
2 anana xerra, zatituta
45 ml / 3 koilarakada tomate ketchup (catsup)
150 ml / ¼ pt / ½ Kopako oilasko salda eskuzabala

Jarri haragia ontzi batean. Nahastu soja saltsa, hoisin saltsa, bost espezien hautsa, piperra eta azukrea, bota haragiaren gainean eta marinatu 1 orduz. Berotu olioak eta frijitu haragia gorritu arte. Kendu zartaginetik. Gehitu barazkiak eta frijitu 2 minutuz. Gehitu anana, ketchup eta salda eta irakiten jarri. Itzuli txahala zartaginera eta berotu zerbitzatu aurretik.

Txerri Solomo Frijitua

4 lagunentzat

350 g txerri-solomoa, kuboa
15 ml / 1 koilarakada arroz ardoa edo jerez lehorra
15 ml / 1 koilarakada soja saltsa
5 ml / 1 koilaratxo sesamo olio
30 ml / 2 koilarakada arto-irina (arto-almidoia)
frijitu olioa

Nahastu txerrikia, ardoa edo jerez, soja saltsa, sesamo-olioa eta arto-irina, txerri-haragia arrautza lodi batean estaltzeko. Berotu olioa eta frijitu txerrikia 3 minutu inguru kurruskaria izan arte. Txerrikia zartaginetik kendu, olioa berotu eta berriro frijitu 3 minutuz.

Bost Espezia Txerriki

4 lagunentzat

225 g txerri gihar

5 ml / 1 koilaratxo arto-irina (arto-almidoia)

2,5 ml / 1/2 koilaratxo bost espezien hautsa

2,5 ml / ½ koilaratxo gatza

15 ml / 1 koilarakada arroz ardoa edo jerez lehorra

20 ml / 2 koilarakada kakahuete olio

120 ml / 4 fl oz / ½ Kopako oilasko salda

Moztu txerri-haragia alearen aurka. Bota txerrikia arto-irina, bost espeziaren hautsarekin, gatza eta ardoa edo jerez eta ondo nahastu txerria estaltzeko. Utzi 30 minutuz, noizean behin irabiatuz. Berotu olioa, gehitu txerrikia eta frijitu 3 minutu inguruz. Gehitu salda, irakiten jarri, estali eta egosi 3 minutuz. Zerbitzatu berehala.

Txerri lurrintsu egosia

6-8 lagunentzat

1 mandarina azal zati

45 ml / 3 koilarakada kakahuete olio

900 g/2 lb txerri giharrak, kuboak

250 ml / 8 fl oz / 1 kopa arroz ardoa edo jerez lehorra

120 ml / 4 fl oz / ½ Kopako soja saltsa

2,5 ml / ½ koilaratxo anis hautsa

½ kanela makila

4 ale

5 ml / 1 koilaratxo gatza

250 ml / 8 fl oz / 1 edalontzi ur

2 udaberriko tipula (scallion), xerratan

1 jengibre erro xerra, xehatuta

Jarri mandarina azala uretan platera prestatzen duzun bitartean. Berotu olioa eta frijitu txerrikia pixka bat gorritu arte. Gehitu ardoa edo jerez, soja saltsa, anis hautsa, kanela, ale, gatza eta ura. Ekarri irakiten, gehitu mandarina azala, tipula eta jengibrea. Estali eta egosi irakiten ordu 1 1/2 inguru bigundu arte, noizean behin nahastuz eta behar izanez gero ur irakin apur bat gehiago gehituz. Kendu espeziak zerbitzatu aurretik.

Txerrikia baratxuri xehatuarekin

4 lagunentzat

450g/1lb txerri-sabela, azalik gabea

3 jengibre erro xerra

2 udaberriko tipula (eskalola), txikituta

30 ml / 2 koilarakada baratxuri xehatua

30 ml / 2 koilarakada soja saltsa

5 ml / 1 koilaratxo gatza

15 ml / 1 koilarakada oilasko salda

2,5 ml / ½ koilaratxo piper olioa

4 martorri adar

Jarri txerrikia zartagin batean jengibrearekin eta udaberriko tipula, urez estali, irakiten jarri eta egosi 30 minutuz egosi arte. Kendu eta xukatu ondo, ondoren 5 cm / 2 karratu inguruko xerra finetan moztu. Jarri xerrak metalezko kolander batean. Jarri ur lapiko bat irakiten, gehitu txerri xerrak eta egosi 3 minutuz berotu arte. Antolatu zerbitzatu plater epel batean. Nahastu baratxuria, soja saltsa, gatza, salda eta pipermin olioa eta bota txerri-haragiaren gainean. Zerbitzatu cilantroarekin apaindua.

Txerri frijitua jengibrearekin

4 lagunentzat

225 g txerri gihar

5 ml / 1 koilaratxo arto-irina (arto-almidoia)

30 ml / 2 koilarakada soja saltsa

30 ml / 2 koilarakada kakahuete olio

1 jengibre erro xerra, xehatuta

1 udaberriko tipula (scallion), xerratan

45 ml / 3 koilarakada ur

5 ml / 1 koilaratxo azukre marroia

Moztu txerri-haragia alearen aurka. Nahasi arto-irina, ondoren soja saltsarekin hautseztatu eta berriro irabiatu. Berotu olioa eta frijitu txerrikia 2 minutuz ondo itxi arte. Gehitu jengibrea eta tipula eta frijitu minutu 1 batez. Gehitu ura eta azukrea, estali eta egosi 5 minutu inguru egosi arte.

Txerrikia lekarekin

4 lagunentzat

450 g / 1 lb babarrunak, zatitan moztuta
30 ml / 2 koilarakada kakahuete olio
2,5 ml / ½ koilaratxo gatza
1 jengibre erro xerra, xehatuta
225 g txerri giharrak, txikituta (lurrean)
120 ml / 4 fl oz / ½ Kopako oilasko salda
75 ml / 5 koilarakada ur
2 arrautza
15 ml / 1 koilarakada arto-irina (arto-almidoia)

Zuritu babarrunak 2 minutuz, ondoren xukatu. Berotu olioa eta salteatu gatza eta jengibrea segundo batzuetan. Gehitu txerrikia eta frijitu pixka bat gorritu arte. Gehitu babarrunak eta frijitu 30 segundoz, olioz estaliz. Nahasi salda, irakiten jarri, estali eta egosi 2 minutuz. Irabiatu 30 ml / 2 koilarakada ur arrautzekin eta nahastu zartaginean. Nahastu gainerako ura arto-almidoiarekin. Arrautzak ezartzen hasten direnean, nahasi arto-irina eta egosi nahasketa loditu arte. Zerbitzatu berehala.

Txerri urdaiazpiko eta tofuarekin

4 lagunentzat

4 perretxiko txinatar lehor
5 ml / 1 koilaratxo kakahuete olio
100 g urdaiazpiko ketua, xerratan
225 g tofu xerratan
225 g txerri giharrak, xerratan
15 ml / 1 koilarakada arroz ardoa edo jerez lehorra
gatza eta piperbeltza xehatu berria
1 jengibre erro xerra, xehatuta
1 udaberriko tipula (eskalola), xehatuta
10 ml / 2 koilarakada arto-irina (arto-almidoia)
30 ml / 2 koilarakada ur

Beratu perretxikoak ur epeletan 30 minutuz, ondoren xukatu. Kendu zurtoinak eta erdira moztu txapelak. Igurtzi beroa ez den ontzi bat kakahuete olioarekin. Jarri perretxikoak, urdaiazpikoa, tofua eta txerria geruzatan platerean, txerri-haragia gainean duela. Ardoa edo jerez, gatza eta piperra, jengibrea eta tipula bota. Estali eta erretilu batean lurrun egosi uraren gainean 45 minutu inguru egosi arte. Xukatu saltsa ontzitik osagaiak nahastu gabe. Gehitu nahikoa ur 250 ml / 8 fl oz / 1 kopa egiteko. Nahastu arto-almidoia eta ura eta irabiatu saltsan. Jarri ontzi batera eta sutan jarri, irabiatuz, saltsa garbitu eta loditu arte. Bota txerri nahasketa plater epel batean,

Txerri Kebab Frijituak

4 lagunentzat

450 g txerri-solomoa, xerra finetan

100 g urdaiazpiko egosi, xerra finetan moztuta

6 ur-gaztaina, xerra finetan moztuta

30 ml / 2 koilarakada soja saltsa

30 ml / 2 koilarakada ardo ozpin

15 ml / 1 koilarakada azukre marroia

15 ml / 1 koilarakada ostra saltsa

pipermin olio tanta batzuk

45 ml / 3 koilarakada arto-irina (arto-almidoia)

30 ml / 2 tbsp arroz ardoa edo jerez lehorra

2 arrautza irabiatuta

frijitu olioa

Txandakatu txerri, urdaiazpikoa eta ur-gaztainak pintxoetan. Nahastu soja saltsa, ardo ozpina, azukrea, ostra saltsa eta pipermin olioa. Bota pintxoei, estali eta utzi hozkailuan 3 orduz marinatzen. Nahastu arto-irina, ardoa edo jerez eta arrautzak arrautza leun eta lodi bat lortu arte. Bihurritu pintxoak arrautzan estaltzeko. Berotu olioa eta frijitu pintxoak gorritu arte.

Txerri-txirra saltsa gorrian errea

4 lagunentzat

1 txerri kokote handi

1 l / 1½ pt / 4¼ edalontzi ur irakinetan

5 ml / 1 koilaratxo gatza

120 ml / 4 fl oz / ½ kopa ardo ozpina

120 ml / 4 fl oz / ½ Kopako soja saltsa

45 ml / 3 koilarakada ezti

5 ml / 1 koilaratxo ipuru baia

5 ml / 1 koilaratxo anis haziak

5 ml / 1 koilarakada martorri

60 ml / 4 koilarakada kakahuete olio

6 udaberriko tipula (scallion), xerratan

2 azenarioak, xerra finetan moztuta

1 apio zurtoin, xerratan

45 ml / 3 koilarakada hoisin saltsa

30 ml / 2 koilarakada mango txutney

75 ml / 5 koilarakada tomate purea (pasta)

1 baratxuri ale, birrindua

60 ml / 4 koilarakada tipulina txikitua

Ekarri txerri-kukutea irakiten ura, gatza, ardo-ozpina, 45 ml / 3 tbsp soja saltsa, eztia eta espeziak. Gehitu barazkiak, berriro irakiten jarri, estali eta sutan jarri 1,5 ordu inguru haragia samurra egon arte. Kendu haragia eta barazkiak zartaginetik, moztu haragia hezurretik eta moztu dadotan. Berotu olioa eta frijitu haragia gorritu arte. Gehitu barazkiak eta frijitu 5 minutuz. Gehitu gainerako soja saltsa, hoisin saltsa, chutney, tomate purea eta baratxuria. Ekarri irakiten, nahastuz, eta gero irakiten 3 minutuz. Zerbitzatu tipulinarekin hautseztatuta.

Txerri marinatua

4 lagunentzat

450 g / 1 lb txerri giharrak
1 jengibre erro xerra, xehatuta
1 baratxuri ale, birrindua
90 ml / 6 koilarakada soja saltsa
15 ml / 1 koilarakada arroz ardoa edo jerez lehorra
45 ml / 3 koilarakada kakahuete olio
1 udaberriko tipula (scallion), xerratan
15 ml / 1 koilarakada azukre marroia
piper xehatu berria

Bota txerrikia jengibrearekin, baratxuriarekin, 30 ml/2 koilarakada soja saltsarekin eta ardoarekin edo jerezarekin. Utzi 30 minutuz noizean behin nahastuz eta, ondoren, atera txahala marinadatik. Berotu olioa eta frijitu txerrikia pixka bat gorritu arte. Gehitu tipula, azukrea, geratzen den soja saltsa eta piper pixka bat, estali eta egosi sutan 45 minutuz txerria egosi arte. Txerrikia dadotan moztu eta zerbitzatu.

Txerri Saiheski Marinatua

6 lagunentzat

6 txerri txuleta
1 jengibre erro xerra, xehatuta
1 baratxuri ale, birrindua
90 ml / 6 koilarakada soja saltsa
30 ml / 2 tbsp arroz ardoa edo jerez lehorra
45 ml / 3 koilarakada kakahuete olio
2 udaberriko tipula (eskalola), txikituta
15 ml / 1 koilarakada azukre marroia
piper xehatu berria

Ebaki hezurra txerri saihetsetik eta moztu haragia dadotan. Jengibrea, baratxuria, 30 ml/2 koilarakada soja saltsa eta ardoa edo jerez nahastu, bota txerriari eta utzi marinatzen 30 minutuz, noizean behin irabiatuz. Kendu haragia marinadatik. Berotu olioa eta frijitu txerrikia pixka bat gorritu arte. Gehitu udaberriko tipula eta frijitu 1 minutuz. Nahastu gainerako soja saltsa azukrearekin eta piper pixka batekin. Saltsa irabiatu, irakiten jarri, estali eta sutan jarri 30 minutu inguru txerri-haragia samurra egon arte.

Txerrikia perretxikoekin

4 lagunentzat

25 g / 1 oz Txinako perretxiko lehorrak
30 ml / 2 koilarakada kakahuete olio
1 baratxuri ale, xehatuta
225 g txerri giharrak, malutetan moztuta
4 udaberriko tipula (eskalola), txikituta
15 ml / 1 koilarakada soja saltsa
15 ml / 1 koilarakada arroz ardoa edo jerez lehorra
5 ml / 1 koilaratxo sesamo olio

Beratu perretxikoak ur epeletan 30 minutuz, ondoren xukatu. Baztertu zurtoinak eta moztu txapelak. Berotu olioa eta frijitu baratxuria sueztitu arte. Gehitu txerrikia eta frijitu gorritu arte. Irabiatu tipula berdeak, perretxikoak, soja saltsa eta ardoa edo jerez eta frijitu 3 minutuz. Sesamo olioa sartu eta berehala zerbitzatu.

Haragi Tarta lurrunetan

4 lagunentzat

450 g / 1 lb txerri xehatua (luhea).

4 ur-gaztaina, fin-fin txikituta

225 g perretxiko, fin-fin txikituta

5 ml / 1 koilaratxo soja saltsa

gatza eta piperbeltza xehatu berria

1 arrautza, arinki irabiatua

Osagai guztiak ondo nahastu eta pastel pure bat osatu labeko plater batean. Jarri platera erretilu batean lurrunetan, estali eta lurrun 1 1/2 orduz.

Txerri Egosi Perretxikoekin

4 lagunentzat

450 g/1 lb txerri giharrak, kuboak
250 ml / 8 fl oz / 1 edalontzi ur
15 ml / 1 koilarakada soja saltsa
15 ml / 1 koilarakada arroz ardoa edo jerez lehorra
5 ml / 1 koilaratxo azukre
5 ml / 1 koilaratxo gatza
225 g perretxiko botoiak

Jarri txerrikia eta ura zartagin batean eta jarri ura irakiten. Estali eta irakiten 30 minutuz gero xukatu, salda erreserbatuz. Itzuli txerrikia zartaginera eta gehitu soja saltsa. Egosi, irabiatuz, soja saltsa xurgatu arte. Nahasi ardoa edo jerez, azukrea eta gatza. Erreserbatutako salda bota, irakiten jarri, estali eta sutan jarri 30 bat minutuz, noizean behin haragiari buelta emanez. Gehitu perretxikoak eta egosi beste 20 minutuz.

Txerrikia fideo krepearekin

4 lagunentzat

30 ml / 2 koilarakada kakahuete olio

5 ml / 2 koilarakada gatz

225 g txerri giharrak, zerrendatan moztuta

225 g bok choy, birrindua

100 g / 4 oz banbu-kimuak, birrinduak

100 g perretxikoak, xerra finetan moztuta

150 ml / ¼ pt / ½ Kopako oilasko salda eskuzabala

10 ml / 2 koilarakada arto-irina (arto-almidoia)

15 ml / 1 koilarakada arroz ardoa edo jerez lehorra

15 ml / 1 koilarakada ur

fideo krepe

Berotu olioa eta frijitu gatza eta txerri-haragia, kolore arina izan arte. Gehitu aza, banbu kimuak eta perretxikoak eta frijitu minutu 1z. Gehitu salda, irakiten jarri, estali eta irakiten 4 minutuz txerria egosi arte. Nahastu arto-irina ore batera ardoarekin edo jerezarekin eta urarekin, zartaginera nahasi eta sutan jarri, eraginez, saltsa garbitu eta loditu arte. Bota krepe orearen gainean zerbitzatzeko.

Txerri eta ganbak fideo krepearekin

4 lagunentzat

30 ml / 2 koilarakada kakahuete olio

5 ml / 1 koilaratxo gatza

4 udaberriko tipula (eskalola), txikituta

1 baratxuri ale, birrindua

225 g txerri giharrak, zerrendatan moztuta

100 g perretxikoak, xerratan

4 apio makila, xerratan

225 g otarrainxka zuritu

30 ml / 2 koilarakada soja saltsa

10 ml / 1 koilaratxo arto-irina (arto-almidoia)

45 ml / 3 koilarakada ur

fideo krepe

Berotu olioa eta gatza eta salteatu tipula eta baratxuria bigundu arte. Gehitu txerrikia eta frijitu pixka bat gorritu arte. Gehitu perretxikoak eta apioa eta frijitu 2 minutuz. Gehitu ganbak, soja saltsarekin hautseztatu eta irabiatu berotu arte. Nahastu arto-irina eta ura ore batean, nahasi zartaginean eta sutan jarri, irabiatuz, bero arte. Bota krepe orearen gainean zerbitzatzeko.

Txerrikia ostra saltsarekin

4-6 lagunentzat

450 g / 1 lb txerri giharrak
15 ml / 1 koilarakada arto-irina (arto-almidoia)
10 ml / 2 koilarakada arroz ardoa edo jerez lehorra
Azukre pixka bat
45 ml / 3 koilarakada kakahuete olio
10 ml / 2 koilarakada ur
30 ml / 2 koilarakada ostra saltsa
piper xehatu berria
1 jengibre erro xerra, xehatuta
60 ml / 4 koilarakada oilasko salda

Moztu txerri-haragia alearen aurka. Nahastu 5 ml/1 koilaratxo arto-irina ardoarekin edo jerez, azukrea eta 5 ml/1 koilaratxo olio, gehitu txerriari eta ondo nahastu estaltzeko. Nahastu gainerako arto-irina urarekin, ostra saltsarekin eta piper pixka batekin. Berotu gainerako olioa eta frijitu jengibrea minutu 1 batez. Gehitu txerrikia eta frijitu pixka bat gorritu arte. Gehitu salda eta ura eta ostra saltsa nahasketa, irakiten jarri, estali eta sutan utzi 3 minutuz.

Txerrikia kakahueteekin

4 lagunentzat

450 g/1 lb txerri giharrak, kuboak

15 ml / 1 koilarakada arto-irina (arto-almidoia)

5 ml / 1 koilaratxo gatza

1 arrautza zuringoa

3 udaberriko tipula (eskalola), txikituta

1 baratxuri ale, xehatuta

1 jengibre erro xerra, xehatuta

45 ml / 3 koilarakada oilasko salda

15 ml / 1 koilarakada arroz ardoa edo jerez lehorra

15 ml / 1 koilarakada soja saltsa

10 ml / 2 koilarakada melasa beltza

45 ml / 3 koilarakada kakahuete olio

½ pepino, zatituta

25 g / 1 oz / ¼ Kopako kakahuete oskoldunak

5 ml / 1 koilaratxo piper olio

Bota txerrikia arto-irina, gatza eta arrautza zuringoarekin eta ondo nahastu txerria estaltzeko. Nahastu gainerako arto-irina udaberriko tipula, baratxuria, jengibrea, salda, ardoa edo jerez, soja saltsa eta melaza. Berotu olioa eta frijitu txerri-haragia pixka bat gorritu arte, gero zartaginetik kendu. Gehitu pepinoa zartaginean eta frijitu minutu batzuetan. Itzuli txerrikia zartaginera eta nahasi sueztitu. Nahastu ongailuaren nahasketa, irakiten jarri eta sutan jarri, eraginez, saltsa garbitu eta loditu arte. Irabiatu kakahueteak eta pipermina olioa eta berotu zerbitzatu aurretik.

Txerrikia piperrekin

4 lagunentzat

45 ml / 3 koilarakada kakahuete olio
225 g txerri giharrak, kuboak
1 tipula, zatituta
2 piper berde, zatituta
Txinako hostoen buru erdia, kuboetan moztuta
1 jengibre erro xerra, xehatuta
15 ml / 1 koilarakada soja saltsa
15 ml / 1 koilarakada azukre
2,5 ml / ½ koilaratxo gatza

Berotu olioa eta frijitu txerrikia 4 minutu inguru gorritu arte. Gehitu tipula eta frijitu minutu 1 inguru. Gehitu piperrak eta frijitu 1 minutuz. Gehitu txinatar hostoak eta frijitu 1 minutuz. Gainerako osagaiak irabiatu, zartaginean nahasi eta beste 2 minutuz frijitu.

Txerri pikantea pikulekin

4 lagunentzat

900 g txerri saiheskia
30 ml / 2 koilarakada arto-irina (arto-almidoia)
45 ml / 3 koilarakada soja saltsa
30 ml / 2 koilarakada jerez gozoa
5 ml / 1 koilarakada jengibre erro birrindua
2,5 ml / 1/2 koilaratxo bost espezien hautsa
piper pixka bat ehatu berria
frijitu olioa
60 ml / 4 koilarakada oilasko salda
Txinako ozpinetako barazkiak

Moztu saihetsak, gantz eta hezur guztiak moztu. Nahastu arto-irina, 30 ml/2 tbsp soja saltsa, jerez, jengibrea, bost espezien hautsa eta piperra. Bota txerriari eta irabiatu guztiz estaltzeko. Estali eta utzi marinatzen 2 orduz, noizean behin buelta emanez. Berotu olioa eta frijitu txerria gorritu eta egosi arte. Xukatu paper xurgatzaile batean. Ebaki txerrikia xerra lodietan, eraman plater epel batera eta mantendu epela. Nahastu salda eta gainerako soja saltsa kazola txiki batean.

Ekarri irakiten eta bota txerri xerretan. Zerbitzatu ozpinetako nahasiekin apaindua.

Txerrikia aran saltsarekin

4 lagunentzat

450 g txerri gisatua, zatituta

2 baratxuri ale, xehatuta

gatza

60 ml / 4 koilarakada tomate ketchup (catsup)

30 ml / 2 koilarakada soja saltsa

45 ml / 3 koilarakada aran saltsa

5 ml / 1 koilaratxo curry hautsa

5 ml / 1 koilaratxo piperrautsa

2,5 ml / ½ koilaratxo piper xehatu berria

45 ml / 3 koilarakada kakahuete olio

6 udaberriko tipula (scallion), zerrendatan moztuta

4 azenario, zerrendatan moztuta

Haragia marinatu baratxuri, gatza, ketchup, soja saltsa, aran saltsa, curry hautsa, piperrautsa eta piperra 30 minutuz. Berotu olioa eta frijitu haragia sueztitu arte. Kendu woketik. Gehitu barazkiak olioari eta frijitu bigundu arte. Itzuli haragia zartaginera eta berotu astiro-astiro zerbitzatu aurretik.

Txerrikia ganbekin

6-8 lagunentzat

900 g / 2 lbs txerri giharrak
30 ml / 2 koilarakada kakahuete olio
1 tipula, xerratan
1 udaberriko tipula (eskalola), xehatuta
2 baratxuri ale, xehatuta
30 ml / 2 koilarakada soja saltsa
50 g otarrainxka zuritu, txikituta
(Lurra)
600 ml / 1pt / 2½ edalontzi ur irakinetan
15 ml / 1 koilarakada azukre

Jarri ur lapiko bat irakiten, gehitu txerrikia, estali eta sutan jarri 10 minutuz. Kendu zartaginetik eta ondo xukatu eta gero dadotan moztu. Berotu olioa eta frijitu tipula, tipula eta baratxuria sueztitu arte. Gehitu txerrikia eta frijitu pixka bat gorritu arte. Gehitu soja saltsa eta ganbak eta frijitu 1 minutuz. Gehitu irakiten ura eta azukrea, estali eta egosi 40 bat minutuz txerri-haragia samurra egon arte.

Gorriz egositako txerria

4 lagunentzat

675 g kubo txerri giharrak
250 ml / 8 fl oz / 1 edalontzi ur
1 xerra jengibre erroa, birrindua
60 ml / 4 koilarakada soja saltsa
15 ml / 1 koilarakada arroz ardoa edo jerez lehorra
5 ml / 1 koilaratxo gatza
10 ml / 2 koilarakada azukre marroia

Jarri txerrikia eta ura zartagin batean eta jarri ura irakiten. Gehitu jengibrea, soja saltsa, jerez eta gatza, estali eta egosi 45 minutuz. Gehitu azukrea, buelta haragiari, estali eta sutan jarri beste 45 minutuz txerria samurra egon arte.

Txerrikia saltsa gorrian

4 lagunentzat

30 ml / 2 koilarakada kakahuete olio
225 g txerri giltzurrun, zerrendatan moztuta
450g/1lb txerri, zerrendatan moztuta
1 tipula, xerratan
4 udaberriko tipula (scallion), zerrendatan moztuta
2 azenarioak, zerrendatan moztuta
1 apio zurtoina, zerrendatan moztuta
1 piper gorri, zerrendatan moztuta
45 ml / 3 koilarakada soja saltsa
45 ml / 3 koilarakada ardo zuri lehorra
300 ml / ½ pt / 1¼ edalontzi oilasko salda
30 ml / 2 koilarakada aran saltsa
30 ml / 2 koilarakada ardo ozpin
5 ml / 1 koilaratxo bost espezia hauts
5 ml / 1 koilaratxo azukre marroia
15 ml / 1 koilarakada arto-irina (arto-almidoia)
15 ml / 1 koilarakada ur

Berotu olioa eta frijitu giltzurrunak 2 minutuz, gero zartaginetik kendu. Berotu olioa eta frijitu txerrikia pixka bat gorritu arte. Gehitu barazkiak eta frijitu 3 minutuz. Gehitu soja saltsa, ardoa, salda, aran saltsa, ardo ozpina, bost espezien hautsa eta azukrea, irakiten jarri, estali eta egosi 30 minutuz egosi arte. Gehitu giltzurrunak. Nahastu arto-irina eta ura eta nahasi zartaginean. Irakiten jarri eta gero sutan jarri, nahastuz, saltsa loditu arte.

Txerrikia arroz fideoekin

4 lagunentzat

4 perretxiko txinatar lehor

100 g arroz fideoak

225 g txerri giharrak, zerrendatan moztuta

15 ml / 1 koilarakada arto-irina (arto-almidoia)

15 ml / 1 koilarakada soja saltsa

15 ml / 1 koilarakada arroz ardoa edo jerez lehorra

45 ml / 3 koilarakada kakahuete olio

2,5 ml / ½ koilaratxo gatza

1 jengibre erro xerra, xehatuta

2 zurtoin apioa, txikituta

120 ml / 4 fl oz / ½ Kopako oilasko salda

2 udaberriko tipula (scallion), xerratan

Beratu perretxikoak ur epeletan 30 minutuz, ondoren xukatu. Askatu eta zurtoinak eta moztu txapelak. Jarri fideoak ur epeletan 30 minutuz gero xukatu eta 5 cm / 2 zatitan moztu Txerrikia ontzi batean. Nahastu arto-irina, soja saltsa eta ardoa edo jerez, bota txerriari eta irabiatu estaltzeko. Berotu olioa eta frijitu gatza eta jengibrea segundo batzuetan. Gehitu txerrikia eta frijitu pixka bat gorritu arte. Gehitu perretxikoak eta apioa eta frijitu 1 minutuz. Gehitu salda, irakiten jarri, estali eta egosi 2 minutuz. Gehitu fideoak eta berotu 2 minutuz. Udaberriko tipula nahastu eta berehala zerbitzatu.

Txerri-patak oparoak

4 lagunentzat

450 g / 1 lb txerri xehatua (luhea).
100 g tofu birrindua
4 ur-gaztaina, fin-fin txikituta
gatza eta piperbeltza xehatu berria
120 ml / 4 fl oz / ½ Kopako kakahuete olioa
1 jengibre erro xerra, xehatuta
600 ml / 1pt / 2½ edalontzi oilasko salda
15 ml / 1 koilarakada soja saltsa
5 ml / 1 koilaratxo azukre marroia
5 ml / 1 koilaratxo arroz ardo edo jerez lehorra

Txerrikia, tofua eta gaztainak irabiatu eta gatza eta piperbeltzarekin ondu. Osatu bola handietan. Berotu olioa eta frijitu txerri-albondigak alde guztietatik gorritu arte, gero zartaginetik kendu. Xukatu 15 ml/1 tbsp olio guztia izan ezik eta gehitu jengibrea, salda, soja saltsa, azukrea eta ardoa edo jerez. Itzuli albondigak zartaginera, irakiten jarri eta 20 minutuz sutan egosi arte.

Txerri txuletak erreak

4 lagunentzat

4 txerri txuleta

75 ml / 5 koilarakada soja saltsa

frijitu olioa

100 g apio makilak

3 udaberriko tipula (eskalola), txikituta

1 jengibre erro xerra, xehatuta

15 ml / 1 koilarakada arroz ardoa edo jerez lehorra

120 ml / 4 fl oz / ½ Kopako oilasko salda

gatza eta piperbeltza xehatu berria

5 ml / 1 koilaratxo sesamo olio

Sartu txerri txuletak soja saltsan ondo estali arte. Berotu olioa eta frijitu txuletak gorritu arte. Kendu eta ondo xukatu. Jarri apioa labeko ontzi baten oinarrian. Udaberriko tipula eta jengibrea hautseztatu eta gainean jarri txerri txuletak. Bota ardoari edo jerezari eta salda eta gatz eta piperrez ondu. Sesamo olioarekin hautseztatu. Aurrez berotutako labean 200C / 400C / gas mark 6an labean jarri 15 minutuz.

Txerri pikantea

4 lagunentzat

1 pepino, zatituta

gatza

450 g/1 lb txerri giharrak, kuboak

5 ml / 1 koilaratxo gatza

45 ml / 3 koilarakada soja saltsa

30 ml / 2 tbsp arroz ardoa edo jerez lehorra

30 ml / 2 koilarakada arto-irina (arto-almidoia)

15 ml / 1 koilarakada azukre marroia

60 ml / 4 koilarakada kakahuete olio

1 jengibre erro xerra, xehatuta

1 baratxuri ale, xehatuta

1 pipermin gorri, haziak kendu eta xehatuta

60 ml / 4 koilarakada oilasko salda

Pepinoa gatza bota eta alde batera utzi. Nahastu txerrikia, gatza, 15 ml/1 tbsp soja saltsa, 15 ml/1 tbsp ardoa edo jerez, 15 ml/1 tbsp arto-irina, azukre marroia eta 15 ml/1 tbsp olioa. Utzi 30 minutuz atseden hartu eta haragia marinadatik altxatu. Berotu gainerako olioa eta frijitu txerri-haragia pixka bat gorritu arte. Gehitu jengibrea, baratxuria eta piper gorria eta frijitu 2 minutuz. Gehitu pepinoa eta frijitu 2 minutuz. Nahasi salda eta gainerako soja saltsa, ardoa edo jerez eta arto-irina marinadan. Nahastu guztia zartaginean eta irakiten jarri, irabiatuz. Egosi, irabiatuz,

Txerri xerra irristakorrak

4 lagunentzat

225 g txerri giharrak, xerratan

2 arrautza zuringoa

15 ml / 1 koilarakada arto-irina (arto-almidoia)

45 ml / 3 koilarakada kakahuete olio

50 g / 2 oz banbu-kimuak, xerratan

6 udaberriko tipula (eskalola), txikituta

2,5 ml / ½ koilaratxo gatza

15 ml / 1 koilarakada arroz ardoa edo jerez lehorra

150 ml / ¼ pt / ½ Kopako oilasko salda eskuzabala

Nahastu txerrikia arrautza zuringoekin eta arto-irina ondo estali arte. Berotu olioa eta frijitu txerri-haragia pixka bat gorritu arte, gero zartaginetik kendu. Gehitu banbu-kimuak eta tipula eta frijitu 2 minutuz. Itzuli txerrikia zartaginera gatza, ardoa edo jerez eta oilasko saldarekin. Ekarri irakiten eta sutan jarri, 4 minutuz irabiatuz txerria egosi arte.

Txerrikia espinakak eta azenarioekin

4 lagunentzat

225 g txerri gihar

2 azenarioak, zerrendatan moztuta

225 g espinakak

45 ml / 3 koilarakada kakahuete olio

1 udaberriko tipula (eskalola), fin-fin txikituta

15 ml / 1 koilarakada soja saltsa

2,5 ml / ½ koilaratxo gatza

10 ml / 2 koilarakada arto-irina (arto-almidoia)

30 ml / 2 koilarakada ur

Moztu txerri-haragia alearen aurka, eta gero zerrendatan moztu. Zuritu azenarioak 3 minutu inguru, eta gero xukatu. Moztu espinakak hostoak erditik. Berotu olioa eta frijitu tipula zeharrargi arte. Gehitu txerrikia eta frijitu pixka bat gorritu arte. Gehitu azenarioak eta soja saltsa eta frijitu 1 minutuz. Gehitu gatza eta espinakak eta frijitu 30 segundo inguruz biguntzen hasi arte. Nahastu arto-irina eta ura ore batean, nahastu saltsan eta frijitu garbitu arte, gero berehala zerbitzatu.

Txerri lurrunetan

4 lagunentzat

450 g/1 lb txerri giharrak, kuboak

120 ml / 4 fl oz / ½ Kopako soja saltsa

120 ml / 4 fl oz / ½ Kopako arroz ardoa edo jerez lehorra

15 ml / 1 koilarakada azukre marroia

Osagai guztiak nahastu eta bero-erresistentearen ontzi batean jarri. Egosi erretilu batean ur irakinaren gainean 1 1/2 ordu inguru egosi arte.

Txerri frijitua

4 lagunentzat

25 g / 1 oz Txinako perretxiko lehorrak
15 ml / 1 koilarakada kakahuete olio
450 g/1 lb txerri giharrak, xerratan
1 piper berde, zatituta
15 ml / 1 koilarakada soja saltsa
15 ml / 1 koilarakada arroz ardoa edo jerez lehorra
5 ml / 1 koilaratxo gatza
5 ml / 1 koilaratxo sesamo olio

Beratu perretxikoak ur epeletan 30 minutuz, ondoren xukatu. Baztertu zurtoinak eta moztu txapelak. Berotu olioa eta frijitu txerrikia pixka bat gorritu arte. Gehitu piperra eta frijitu 1 minutuz. Gehitu perretxikoak, soja saltsa, ardoa edo jerez eta gatza eta frijitu minutu batzuetan haragia egosi arte. Nahasi sesamo olioa zerbitzatu aurretik.

Txerrikia Patata Gozoekin

4 lagunentzat

frijitu olioa

2 patata gozo handi, xerratan

30 ml / 2 koilarakada kakahuete olio

1 jengibre erro xerra, xerratan

1 tipula, xerratan

450 g/1 lb txerri giharrak, kuboak

15 ml / 1 koilarakada soja saltsa

2,5 ml / ½ koilaratxo gatza

piper xehatu berria

250 ml / 8 fl oz / 1 kopa oilasko salda

30 ml / 2 koilarakada curry hautsa

Berotu olioa eta frijitu patata gozoak gorritu arte. Kendu zartaginetik eta ondo xukatu. Berotu kakahuete (kakahuete) olioa eta frijitu jengibrea eta tipula sueztitu arte. Gehitu txerrikia eta frijitu pixka bat gorritu arte. Gehitu soja saltsa, gatza eta piper pixka bat, gero salda eta curry hautsa, irakiten jarri eta sutan jarri, minutu 1 irabiatuz. Gehitu hash browns, estali eta irakiten 30 minutuz txerria egosi arte.

Txerri gazi-gozoa

4 lagunentzat

450 g/1 lb txerri giharrak, kuboak

15 ml / 1 koilarakada arroz ardoa edo jerez lehorra

15 ml / 1 koilarakada kakahuete olio

5 ml / 1 koilaratxo curry hautsa

1 arrautza, irabiatua

gatza

100 g arto-irina (arto-almidoia)

frijitu olioa

1 baratxuri ale, birrindua

75 g / 3 oz / ½ Kopako azukre

50 g tomate ketchup (ketchup)

5 ml / 1 koilaratxo ardo ozpin

5 ml / 1 koilaratxo sesamo olio

Bota txerrikia ardoarekin edo jerezarekin, olioarekin, curry hautsarekin, arrautzarekin eta gatz pixka batekin. Irabiatu arto-irina txerrikia arrautzez estali arte. Berotu olioa erretzen den arte, gero txerri kuboak zenbait aldiz gehitu. Frijitu 3 minutu inguru, ondoren xukatu eta alde batera utzi. Berotu olioa eta frijitu berriro kuboak 2 minutuz. Kendu eta xukatu. Berotu baratxuria, azukrea, ketchup-a eta ardo-ozpina, irabiatuz azukrea disolbatu arte. Irakiten jarri eta gero gehitu txerri kuboak eta ondo nahastu. Nahasi sesamo olioa eta zerbitzatu.

Txerri gazia

4 lagunentzat

30 ml / 2 koilarakada kakahuete olio

450 g / 1 lb txerri giharrak, kuboak

3 udaberriko tipula (scallion), xerratan

2 baratxuri ale, xehatuta

1 jengibre erro xerra, xehatuta

250 ml / 8 fl oz / 1 Kopako soja saltsa

30 ml / 2 tbsp arroz ardoa edo jerez lehorra

30 ml / 2 koilarakada azukre marroia

5 ml / 1 koilaratxo gatza

600 ml / 1pt / 2½ edalontzi ur

Berotu olioa eta frijitu txerria gorritu arte. Xukatu gehiegizko olioa, gehitu tipula, baratxuria eta jengibrea eta frijitu 2 minutuz. Gehitu soja saltsa, ardoa edo jerez, azukrea eta gatza eta ondo nahastu. Gehitu ura, irakiten jarri, estali eta sutan egosi ordubetez.

Txerri tofuarekin

4 lagunentzat

450 g / 1 lb txerri giharrak

45 ml / 3 koilarakada kakahuete olio

1 tipula, xerratan

1 baratxuri ale, birrindua

225 g tofu zatituta

375 ml oilasko salda

15 ml / 1 koilarakada azukre marroia

60 ml / 4 koilarakada soja saltsa

2,5 ml / ½ koilaratxo gatza

Jarri txerrikia kazola batean eta estali urez. Ekarri irakiten eta egosi 5 minutuz. Xukatu eta hozten utzi ondoren moztu dadotan.

Berotu olioa eta frijitu tipula eta baratxuria sueztitu arte. Gehitu txerrikia eta frijitu pixka bat gorritu arte. Gehitu tofua eta irabiatu astiro-astiro olioz estali arte. Gehitu salda, azukrea, soja saltsa eta gatza, irakiten jarri, estali eta egosi sutan 40 bat minutuz txerrikia samurra egon arte.

Txerri Frijitua

4 lagunentzat

225 g txerri-solomoa, kubo txikituta

1 arrautza zuringoa

30 ml / 2 tbsp arroz ardoa edo jerez lehorra

gatza

225 g arto-irina (arto-almidoia)

frijitu olioa

Bota txerrikia arrautza zuringoarekin, ardoarekin edo jerezarekin eta gatz pixka batekin. Pixkanaka-pixkanaka landu nahikoa arto-irina arrautza lodi bat egiteko. Berotu olioa eta frijitu txerria gorritu arte, kanpoan kurruskaria eta barrutik samurra.

Bi aldiz egositako txerrikia

4 lagunentzat

225 g txerri gihar
45 ml / 3 koilarakada kakahuete olio
2 piper berde, zatitan moztuta
2 baratxuri ale, xehatuta
2 udaberriko tipula (scallion), xerratan
15 ml / 1 koilarakada babarrun saltsa beroa
15 ml / 1 koilarakada oilasko salda
5 ml / 1 koilaratxo azukre

Jarri txerri zatia zartagin batean, estali urez, irakiten jarri eta 20 minutuz egosi arte. Kendu eta xukatu ondoren utzi hozten. Ebaki fin-fin.

Berotu olioa eta frijitu txerrikia pixka bat gorritu arte. Gehitu piperrak, baratxuriak eta tipula eta frijitu 2 minutuz. Kendu zartaginetik. Gehitu babarrunak, salda eta azukrea zartaginean eta sutan jarri, nahastuz, 2 minutuz. Itzuli txerrikia eta piperrak eta frijitu berotu arte. Zerbitzatu berehala.

Txerrikia barazkiekin

4 lagunentzat

2 baratxuri ale, xehatuta

5 ml / 1 koilaratxo gatza

2,5 ml / ½ koilaratxo piper xehatu berria

30 ml / 2 koilarakada kakahuete olio

30 ml / 2 koilarakada soja saltsa

225 g brokoli loreak

200 g azalore loreak

1 piper gorri, zatituta

1 tipula, txikituta

2 laranja, zuritu eta zatituta

1 zurtoin jengibre zati, xehatuta

30 ml / 2 koilarakada arto-irina (arto-almidoia)

300 ml / ½ pt / 1¼ edalontzi ur

20 ml / 2 koilarakada ardo ozpin

15 ml / 1 koilarakada ezti

ehotutako jengibre pixka bat

2,5 ml / ½ koilaratxo kumino

Baratxuria, gatza eta piperra xehatu haragian. Berotu olioa eta frijitu haragia sueztitu arte. Kendu zartaginetik. Gehitu soja saltsa eta barazkiak zartaginean eta frijitu samurra baina oraindik kurruskaria izan arte. Gehitu laranjak eta jengibrea. Nahastu arto-irina eta ura eta nahasi zartaginean ardo-ozpina, eztia, jengibrea eta kuminoa. Ekarri irakiten eta sutan jarri, nahastuz, 2 minutuz. Itzuli txerrikia zartaginera eta berotu berriro zerbitzatu aurretik.

Txerrikia intxaurrekin

4 lagunentzat

50 g / 2 oz / ½ Kopako intxaurrak
225 g txerri giharrak, zerrendatan moztuta
30 ml/2 koilarakada irina arrunta (helburu guztietarako)
30 ml / 2 koilarakada azukre marroia
30 ml / 2 koilarakada soja saltsa
frijitu olioa
15 ml / 1 koilarakada kakahuete olio

Zuritu intxaurrak ur irakinetan 2 minutuz gero xukatu. Nahastu txerri-haragia irina, azukrea eta 15 ml/1 tbsp soja saltsa leun arte. Berotu olioa eta frijitu txerria kurruskaria eta urre kolorekoa izan arte. Xukatu paper xurgatzaile batean. Berotu kakahuete (kakahuete) olioa eta salteatu intxaurrak gorritu arte. Gehitu txerrikia zartaginean, bota gainerako soja saltsarekin eta frijitu berotu arte.

Txerri Dumplings

4 lagunentzat

450 g / 1 lb txerri xehatua (luhea).
1 udaberriko tipula (eskalola), xehatuta
225 g berde nahasiak, txikituta
30 ml / 2 koilarakada soja saltsa
5 ml / 1 koilaratxo gatza
40 wonton azal
frijitu olioa

Berotu zartagin bat eta frijitu txerri-haragia eta tipula pixka bat gorritu arte. Kendu sutatik eta nahasi barazkiak, soja saltsa eta gatza.

Wontonak tolesteko, eduki azala ezkerreko eskuaren ahurrean eta erdian bete betegarri bat bota. Hezetu ertzak arrautzarekin eta tolestu azala triangelu batean, ertzak zigilatu. Hezetu txokoak arrautzarekin eta bihurritu elkarrekin.

Berotu olioa eta frijitu wontonak pixkanaka urrezko marroi arte. Xukatu ondo zerbitzatu aurretik.

Txerrikia Ur Gaztainekin

4 lagunentzat

45 ml / 3 koilarakada kakahuete olio
1 baratxuri ale, birrindua
1 udaberriko tipula (eskalola), xehatuta
1 jengibre erro xerra, xehatuta
225 g txerri giharrak, zerrendatan moztuta
100 g ur-gaztaina, xerra finetan moztuta
45 ml / 3 koilarakada soja saltsa
15 ml / 1 koilarakada arroz ardoa edo jerez lehorra
5 ml / 1 koilaratxo arto-irina (arto-almidoia)

Berotu olioa eta salteatu baratxuria, tipula eta jengibrea pixka bat gorritu arte. Gehitu txerrikia eta frijitu 10 minutuz gorritu arte. Gehitu ur-gaztainak eta frijitu 3 minutuz. Gehitu gainerako osagaiak eta frijitu 3 minutuz.

Txerri eta otarrainxka wontonak

4 lagunentzat

225 g / 8 oz txerri xehatua (lurra)
2 udaberriko tipula (eskalola), txikituta
100 g barazki nahasi, txikituta
100 g perretxiko txikituta
225 g otarrainxkak oskoletan, txikituta
15 ml / 1 koilarakada soja saltsa
2,5 ml / ½ koilaratxo gatza
40 wonton azal
frijitu olioa

Berotu zartagin bat eta frijitu txerri-haragia eta tipula pixka bat gorritu arte. Sartu gainerako osagaiak.

Wontonak tolesteko, eduki azala ezkerreko eskuaren ahurrean eta erdian bete betegarri bat bota. Hezetu ertzak arrautzarekin eta tolestu azala triangelu batean, ertzak zigilatu. Hezetu txokoak arrautzarekin eta bihurritu elkarrekin.

Berotu olioa eta frijitu wontonak pixkanaka urrezko marroi arte. Xukatu ondo zerbitzatu aurretik.

Albondigak xehatuta lurrunetan

4 lagunentzat

2 baratxuri ale, xehatuta
2,5 ml / ½ koilaratxo gatza
450 g / 1 lb txerri xehatua (luhea).
1 tipula, txikituta
1 piper gorri, txikituta
1 piper berde, txikituta
2 pieza zurtoin jengibrea, xehatuta
5 ml / 1 koilaratxo curry hautsa
5 ml / 1 koilaratxo piperrautsa
1 arrautza, irabiatua
45 ml / 3 koilarakada arto-irina (arto-almidoia)
50 g ale labur arroz
gatza eta piperbeltza xehatu berria
60 ml / 4 koilarakada tipulina txikitua

Nahastu baratxuria, gatza, txerria, tipula, piperrak, jengibrea, curry hautsa eta piperrautsa. Landu arrautza arto-almidoia eta arrozarekin nahasketara. Ondu gatza eta piperbeltza eta gero tipulina nahasi. Esku bustiekin, nahasketa bola txikietan moldatu. Jarri lurrunezko saski batean, estali eta egosi ur irakiten gainean 20 minutuz egosi arte.

Saiheskia babarrun beltz saltsarekin

4 lagunentzat

900 g txerri saiheskia
2 baratxuri ale, xehatuta
2 udaberriko tipula (eskalola), txikituta
30 ml / 2 koilarakada babarrun beltza saltsa
30 ml / 2 tbsp arroz ardoa edo jerez lehorra
15 ml / 1 koilarakada ur
30 ml / 2 koilarakada soja saltsa
15 ml / 1 koilarakada arto-irina (arto-almidoia)
5 ml / 1 koilaratxo azukre
120 ml / 4 fl oz ½ kopa ur
30 ml / 2 koilarakada olio
2,5 ml / ½ koilaratxo gatza
120 ml / 4 fl oz / ½ Kopako oilasko salda

Ebaki saiheskiak 2,5 cm/1 in zatitan. Nahastu baratxuria, tipula, babarrun beltza, ardoa edo jerez, ura eta 15 ml/1 koilarakada soja saltsa. Nahastu gainerako soja saltsa arto-almidoia, azukrea eta urarekin. Berotu olioa eta gatza eta frijitu saiheskia gorritu arte. Xukatu olioa. Gehitu baratxuri nahasketa eta frijitu 2 minutuz. Gehitu salda, irakiten jarri, estali eta egosi 4 minutuz. Nahasi arto-irina nahasketa eta sutan jarri, eraginez, saltsa garbitu eta loditu arte.

Saiheskia plantxan

4 lagunentzat

3 baratxuri ale, xehatuta
75 ml / 5 koilarakada soja saltsa
60 ml / 4 koilarakada hoisin saltsa
60 ml / 4 tbsp arroz ardoa edo jerez lehorra
45 ml / 3 koilarakada azukre marroia
30 ml / 2 koilarakada tomate purea (pasta)
900 g txerri saiheskia
15 ml / 1 koilarakada ezti

Nahastu baratxuria, soja saltsa, hoisin saltsa, ardoa edo jerez, azukre marroia eta tomate-purea, bota saihets gainean, estali eta marinatu gau osoan.

Xukatu saiheskia eta jarri erretilu batean zartagin batean ur pixka batekin. Aurrez berotutako labean 180C/350F/gas mark 4-an labean jarri 45 minutuz, noizean behin marinadarekin bustiz, 30 ml/2 tbsp marinada erreserbatuz. Erreserbatutako marinada eztiarekin nahastu eta saiheskiak gainezkatu. Barbakoa edo parrilla (parrilla) parrilla bero baten azpian 10 minutuz.

Astigar-saiheskia plantxan

4 lagunentzat

900 g txerri saiheskia

60 ml / 4 koilarakada astigarrak almibarretan

5 ml / 1 koilaratxo gatza

5 ml / 1 koilaratxo azukre

45 ml / 3 koilarakada soja saltsa

15 ml / 1 koilarakada arroz ardoa edo jerez lehorra

1 baratxuri ale, birrindua

Ebaki saiheskiak 5 cm / 2 zatitan eta jarri ontzi batean. Nahastu osagai guztiak, gehitu saiheskiak eta ondo nahastu. Estali eta utzi marinatzen gau osoan. Parrillan (parrilan) edo su ertainean frijitu 30 minutuz.

Saiheski Frijituak

4 lagunentzat

900 g txerri saiheskia

120 ml / 4 fl oz / ½ kopa tomate ketchup (catsup)

120 ml / 4 fl oz / ½ kopa ardo ozpina

60 ml / 4 koilarakada mango txutney

45 ml / 3 tbsp arroz ardoa edo jerez lehorra

2 baratxuri ale, xehatuta

5 ml / 1 koilaratxo gatza

45 ml / 3 koilarakada soja saltsa

30 ml / 2 koilarakada ezti

15 ml / 1 koilarakada curry hauts gozoa

15 ml / 1 koilarakada piperrautsa

frijitu olioa

60 ml / 4 koilarakada tipulina txikitua

Jarri saiheskiak ontzi batean. Nahastu osagai guztiak olioa eta tipulina izan ezik, isuri saihets gainean, estali eta utzi marinatzen gutxienez ordubetez. Berotu olioa eta frijitu saiheskia kurruskaria izan arte. Zerbitzatu tipulinarekin hautseztatuta.

Saiheskia Porruarekin

4 lagunentzat

450 g / 1 lb txerri saiheskia

frijitu olioa

250 ml / 8 fl oz / 1 Kopako salda

30 ml / 2 koilarakada tomate ketchup (catsup)

2,5 ml / ½ koilaratxo gatza

2,5 ml / ½ koilaratxo azukre

2 porru, zatitan moztuta

6 udaberriko tipula (scallion), zatitan moztuta

50 g / 2 oz brokoli loreak

5 ml / 1 koilaratxo sesamo olio

Ebaki saiheskiak 5cm / 2 zatitan. Berotu olioa eta frijitu saiheskiak gorritzen hasi arte. Kendu zartaginetik eta bota 30 ml/2 tbsp olioa izan ezik. Gehitu salda, ketchup, gatza eta azukrea, irakiten jarri eta sutan jarri minutu 1z. Itzuli saiheskiak zartaginera eta egosi sutan 20 bat minutuz bigundu arte.

Bitartean, berotu beste 30 ml / 2 koilarakada olio eta salteatu porruak, tipula eta brokolia 5 minutu inguruz. Bota sesamo olioarekin eta antolatu plater bero baten inguruan. Saiheskia eta saltsa erdira bota eta zerbitzatu.

Saiheskia Perretxikoekin

4-6 lagunentzat

6 perretxiko txinatar lehor

900 g txerri saiheskia

2 izar anis ale

45 ml / 3 koilarakada soja saltsa

5 ml / 1 koilaratxo gatza

15 ml / 1 koilarakada arto-irina (arto-almidoia)

Beratu perretxikoak ur epeletan 30 minutuz, ondoren xukatu. Askatu eta zurtoinak eta moztu txapelak. Ebaki saiheskia 5 cm / 2 zatitan. Eman ur lapiko bat irakiten, gehitu saiheskia eta sutan jarri 15 minutuz. Ondo xukatu. Itzuli saiheskiak zartaginera eta estali ur hotzarekin. Gehitu perretxikoak, izar anisa, soja saltsa eta gatza. Ekarri irakiten, estali eta egosi 45 bat minutuz haragia samurra egon arte. Nahastu arto-irina ur hotz pixka batekin, zartaginera nahasi eta sutan jarri, eraginez, saltsa garbitu eta loditu arte.

Saiheskia laranjarekin

4 lagunentzat

900 g txerri saiheskia

5 ml / 1 koilaratxo gazta birrindua

5 ml / 1 koilaratxo arto-irina (arto-almidoia)

45 ml / 3 tbsp arroz ardoa edo jerez lehorra

gatza

frijitu olioa

15 ml / 1 koilarakada ur

2,5 ml / ½ koilaratxo azukre

15 ml / 1 koilarakada tomate purea (pasta)

2,5 ml / ½ koilaratxo chili saltsa

1 laranjaren azala birrindua

1 laranja, xerratan

Saiheskia zatitan moztu eta gazta, arto-irina, 5 ml/1 koilaratxo ardo edo jerez eta gatz pixka batekin nahastu. Utzi 30 minutuz marinatzen. Berotu olioa eta frijitu saiheskia 3 minutuz urre koloreko gorritu arte. Berotu 15 ml/1 tbsp olio wok batean, gehitu gainerako ura, azukrea, tomate purea, pipermin saltsa, laranja-azala eta gainerako ardoa edo jerez eta irabiatu su motelean 2 minutuz. Gehitu txerrikia eta irabiatu ondo estali arte. Transferitu plater epel batera eta zerbitzatu laranja xerrarekin apaindua.

Anana saiheskia

4 lagunentzat

900 g txerri saiheskia

600 ml / 1pt / 2½ edalontzi ur

30 ml / 2 koilarakada kakahuete olio

2 baratxuri ale, fin-fin txikituta

200 g anana-zati kontserbak zukuan

120 ml / 4 fl oz / ½ Kopako oilasko salda

60 ml / 4 koilarakada ardo ozpin

50 g / 2 oz / ¼ Kopako azukre marroia

15 ml / 1 koilarakada soja saltsa

15 ml / 1 koilarakada arto-irina (arto-almidoia)

3 udaberriko tipula (eskalola), txikituta

Jarri txerri-haragia eta ura zartagin batean, irakiten jarri, estali eta egosi 20 minutuz. Ondo xukatu.

Berotu olioa eta frijitu baratxuria sueztitu arte. Gehitu saiheskia eta frijitu olioz ondo estali arte. Xukatu anana zatiak eta gehitu 120 ml zuku zartaginean salda, ardo ozpina, azukrea eta soja saltsarekin. Ekarri irakiten, estali eta egosi 10 minutuz. Gehitu xukatutako anana. Nahastu arto-irina ur pixka batekin, nahastu saltsan, eta sutan jarri, eraginez, saltsa garbitu eta loditu arte. Zerbitzatu udaberriko tipulaz hautseztatuta.

Ganba-saiheski kurruskaria

4 lagunentzat

900 g txerri saiheskia

450 g / 1 lb otarrainxkak zurituta

5 ml / 1 koilaratxo azukre

gatza eta piperbeltza xehatu berria

30 ml/2 koilarakada irina arrunta (helburu guztietarako)

1 arrautza, arinki irabiatua

100 g ogi birrindua

frijitu olioa

Ebaki saiheskia 5cm / 2 zatitan. Kendu haragi pixka bat eta moztu ganbak, azukrea, gatza eta piperra. Nahastu irina eta arrautza nahikoa nahasketa itsaskorra izan dadin. Saihets zatiak birrindu eta ogi birrinduarekin hautseztatu. Berotu olioa eta frijitu saiheskia gainazalera flotatzen duten arte. Xukatu ondo eta zerbitzatu beroa.

Saiheskia arroz ardoan

4 lagunentzat

900 g txerri saiheskia
450 ml / ¾ pt / 2 edalontzi ur
60 ml / 4 koilarakada soja saltsa
5 ml / 1 koilaratxo gatza
30 ml / 2 koilarakada arroz ardo
5 ml / 1 koilaratxo azukre

Ebaki saiheskiak 2,5 cm / 1 zatitan. Jarri zartagin batean ura, soja saltsa eta gatza, irakiten jarri, estali eta sutan jarri ordubetez. Ondo xukatu. Berotu zartagin bat eta gehitu saiheskia, arroz ardoa eta azukrea. Su bizian frijitu likidoa lurrundu arte.

Txerri saiheskia sesamo haziekin

4 lagunentzat

900 g txerri saiheskia

1 arrautza

30 ml/2 koilarakada irina arrunta (helburu guztietarako)

5 ml / 1 koilaratxo patata irina

45 ml / 3 koilarakada ur

frijitu olioa

30 ml / 2 koilarakada kakahuete olio

30 ml / 2 koilarakada tomate ketchup (catsup)

30 ml / 2 koilarakada azukre marroia

10 ml / 2 koilarakada ardo ozpin

45 ml / 3 koilarakada sesamo haziak

4 letxuga hosto

Ebaki saiheskiak 10 cm / 4 zatitan eta jarri ontzi batean. Arrautza irina, patata irina eta urarekin nahastu, saiheskia gehitu eta 4 orduz atseden hartu.

Berotu olioa eta frijitu saiheskia urrezko marroi arte, ondoren kendu eta xukatu. Berotu olioa eta frijitu ketchup, azukre marroia eta ardo-ozpina minutu batzuetan. Gehitu ordezko saiheskiak eta frijitu guztiz estali arte. Sesamo haziekin hauseztatu eta frijitu 1 minutuz. Jarri letxuga hostoak erretilu epel batean, apaindu saiheskiarekin eta zerbitzatu.

Saiheski gazi-gozoa

4 lagunentzat

900 g txerri saiheskia
600 ml / 1pt / 2½ edalontzi ur
30 ml / 2 koilarakada kakahuete olio
2 baratxuri ale, xehatuta
5 ml / 1 koilaratxo gatza
100 g / 4 oz / ½ Kopako azukre marroia
75 ml / 5 koilarakada oilasko salda
60 ml / 4 koilarakada ardo ozpin
100 g / 4 oz kontserbako anana zati almibarretan
15 ml / 1 koilarakada tomate purea (pasta)
15 ml / 1 koilarakada soja saltsa
15 ml / 1 koilarakada arto-irina (arto-almidoia)
30 ml / 2 koilarakada koko lehorra

Jarri txerri-haragia eta ura zartagin batean, irakiten jarri, estali eta egosi 20 minutuz. Ondo xukatu.

Berotu olioa eta frijitu saiheskia baratxuriarekin eta gatzarekin urre koloreko gorritu arte. Gehitu azukrea, salda eta ardo-ozpina eta irakiten jarri. Xukatu anana eta gehitu 30 ml / 2 koilarakada almibarretan tomate purearekin, soja saltsarekin eta arto-irina zartaginera. Ondo nahastu eta sutan jarri, eraginez, saltsa garbitu eta loditu arte. Gehitu anana, egosi 3 minutuz eta zerbitzatu kokoarekin hautseztatuta.

Saiheski salteatua

4 lagunentzat

900 g txerri saiheskia

1 arrautza, irabiatua

5 ml / 1 koilaratxo soja saltsa

5 ml / 1 koilaratxo gatza

10 ml / 2 koilarakada arto-irina (arto-almidoia)

10 ml / 2 koilarakada azukre

60 ml / 4 koilarakada kakahuete olio

250 ml / 8 fl oz / 1 kopa ardo ozpina

250 ml / 8 fl oz / 1 edalontzi ur

250 ml / 8 fl oz / 1 kopa arroz ardoa edo jerez lehorra

Jarri saiheskiak ontzi batean. Nahastu arrautza soja saltsarekin, gatza, arto-almidoia eta azukre erdia, gehitu saiheskiari eta ondo nahastu. Berotu olioa eta frijitu saiheskiak urrezko marroi arte. Gehitu gainerako osagaiak, irakiten jarri eta sutan jarri likidoa ia lurrundu arte.

Saiheskia tomatearekin

4 lagunentzat

900 g txerri saiheskia
75 ml / 5 koilarakada soja saltsa
30 ml / 2 tbsp arroz ardoa edo jerez lehorra
2 arrautza irabiatuta
45 ml / 3 koilarakada arto-irina (arto-almidoia)
frijitu olioa
45 ml / 3 koilarakada kakahuete olio
1 tipula, xerra finetan
250 ml / 8 fl oz / 1 kopa oilasko salda
60 ml / 4 koilarakada tomate ketchup (catsup)
10 ml / 2 koilarakada azukre marroia

Ebaki saiheskiak 2,5 cm/1 in zatitan. Nahastu 60 ml / 4 tbsp soja saltsarekin eta ardoarekin edo jerezarekin eta utzi ordubetez marinatzen, noizean behin irabiatuz. Xukatu, marinada baztertuz. Saiheskiak arrautzarekin estali eta gero arto-irina. Olioa berotu eta saiheskia frijitu, aldi berean, urrezko gorritu arte. Ondo xukatu. Berotu kakahuete (kakahuete) olioa eta frijitu tipula zeharrargitsu arte. Gehitu salda, gainerako soja saltsa, ketchup eta azukre marroia eta egosi 1 minutuz, irabiatuz. Gehitu saiheskiak eta egosi 10 minutuz.

Txerri errea barbakoan

4-6 lagunentzat

1,25 kg hezurrik gabeko txerri-sorbalda
2 baratxuri ale, xehatuta
2 udaberriko tipula (eskalola), txikituta
250 ml / 8 fl oz / 1 Kopako soja saltsa
120 ml / 4 fl oz / ½ Kopako arroz ardoa edo jerez lehorra
100 g / 4 oz / ½ Kopako azukre marroia
5 ml / 1 koilaratxo gatza

Jarri txerrikia ontzi batean. Gainerako osagaiak nahastu, txerri-haragia bota, estali eta utzi marinatzen 3 orduz. Transferitu txerri-haragia eta marinada zartagin batera eta erre aldez aurretik berotutako labean 200 °C/400 °F/gas mark 6 10 minutuz. Murriztu tenperatura 160 °C / 325 °F / gas mark 3ra 1 1/2 orduz txerrikia egosi arte.

Txerri hotza mostazarekin

4 lagunentzat

1 kg / 2 lb hezurrik gabeko txerri errea

250 ml / 8 fl oz / 1 Kopako soja saltsa

120 ml / 4 fl oz / ½ Kopako arroz ardoa edo jerez lehorra

100 g / 4 oz / ½ Kopako azukre marroia

3 udaberriko tipula (eskalola), txikituta

5 ml / 1 koilaratxo gatza

30 ml / 2 koilarakada mostaza hautsa

Jarri txerrikia ontzi batean. Nahastu gainerako osagai guztiak mostaza izan ezik eta bota txerri-haragia. Marinatu gutxienez 2 orduz, maiz bustiz. Hornitu zartagin bat aluminiozko paperarekin eta jarri txerrikia erretilu batean. 200 °C / 400 °F / gas mark 6 labean labean jarri 10 minutuz, eta gero murriztu tenperatura 160 °C / 325 °F / gas mark 3 beste ordu 1 1/2z txerria samurra egon arte. Utzi hozten eta hozkailuan hoztu. Moztu oso fin-fin. Nahastu mostaza-hautsa urarekin zerbitzatu ahal izateko pasta krematsua egiteko.

Oilaskoa banbu-kimuekin

4 lagunentzat

45 ml / 3 koilarakada kakahuete olio
1 baratxuri ale, birrindua
1 udaberriko tipula (eskalola), xehatuta
1 jengibre erro xerra, xehatuta
225 g oilasko bularkia, malutetan moztuta
225 g / 8 oz banbu-kimuak, malutetan moztuta
45 ml / 3 koilarakada soja saltsa
15 ml / 1 koilarakada arroz ardoa edo jerez lehorra
5 ml / 1 koilaratxo arto-irina (arto-almidoia)

Berotu olioa eta salteatu baratxuria, tipula eta jengibrea pixka bat gorritu arte. Gehitu oilaskoa eta frijitu 5 minutuz. Gehitu banbu-kimuak eta frijitu 2 minutuz. Nahasi soja saltsa, ardoa edo jerez eta arto-irina eta frijitu 3 minutu inguru oilaskoa egosi arte.

Urdaiazpiko lurrunetan

6-8 lagunentzat

900 g urdaiazpiko freskoa

30 ml / 2 koilarakada azukre marroia

60 ml / 4 tbsp arroz ardoa edo jerez lehorra

Jarri urdaiazpikoa erretzeko plater batean, estali eta lurrun irakiten ur gainean ordu 1 inguru. Gehitu azukrea eta ardoa edo jerez platera, estali eta lurrunetan jarri beste ordu batez edo urdaiazpikoa egosi arte. Utzi hozten ontzian zatitu aurretik.

Hirugiharra azarekin

4 lagunentzat

4 pantzeta marradun xerra, zuritu eta txikituta

2,5 ml / ½ koilaratxo gatza

1 jengibre erro xerra, xehatuta

½ aza, birrindua

75 ml / 5 koilarakada oilasko salda

15 ml / 1 koilarakada ostra saltsa

Frijitu hirugiharra kurruskaria izan arte, gero kendu zartaginetik. Gehitu gatza eta jengibrea eta frijitu 2 minutuz. Gehitu aza eta ondo nahastu, gero hirugiharra eta salda gehitu, estali eta sutan jarri 5 minutu inguru, aza samurra baina oraindik pixka bat kurruskaria egon arte. Irabiatu ostra saltsa, estali eta irakiten minutu 1 zerbitzatu aurretik.

Almendra oilaskoa

4-6 lagunentzat

375 ml oilasko salda

60 ml / 4 tbsp arroz ardoa edo jerez lehorra

45 ml / 3 koilarakada arto-irina (arto-almidoia)

15 ml / 1 koilarakada soja saltsa

4 oilasko bularra

1 arrautza zuringoa

2,5 ml / ½ koilaratxo gatza

frijitu olioa

75 g / 3 oz / ½ Kopako almendra zurituak

1 azenario handi, zatituta

5 ml / 1 koilarakada jengibre erro birrindua

6 udaberriko tipula (scallion), xerratan

3 apio zurtoin, xerratan

100 g perretxikoak, xerratan

100 g / 4 oz banbu-kimuak, xerratan

Nahastu salda, ardo edo jerez erdia, 30 ml/2 koilarakada arto-irina eta soja saltsa kazola batean. Ekarri irakiten, irabiatuz, eta gero sutan jarri 5 minutuz nahasketa loditu arte. Kendu sutik eta mantendu epela.

Kendu azala eta hezurrak oilaskoari eta moztu 2,5 cm / 1 hazbeteko zatitan. Nahastu gainerako ardoa edo jerez eta arto-irina, arrautza zuringoa eta gatza, gehitu oilasko zatiak eta ondo nahastu. Berotu olioa eta frijitu oilasko zatiak aldi berean 5 bat minutuz urrezko marroi arte. Ondo xukatu. Kendu 30 ml/2 koilarakada olio guztia zartaginetik eta salteatu almendrak 2 minutuz urre koloreko gorritu arte. Ondo xukatu. Gehitu azenarioa eta jengibrea zartaginean eta frijitu 1 minutuz. Gehitu gainerako barazkiak eta frijitu 3 minutu inguru barazkiak samurrak baina oraindik kurruskariak izan arte. Itzuli oilaskoa eta almendra saltsarekin zartaginera eta irabiatu su moderatuan minutu batzuetan berotu arte.

Oilaskoa Almendra eta Uretako Gaztainekin

4 lagunentzat

6 perretxiko txinatar lehor
4 oilasko zati, hezurrik gabe
100 g almendra ehoa
gatza eta piperbeltza xehatu berria
60 ml / 4 koilarakada kakahuete olio
100 g ur-gaztaina, xerratan
75 ml / 5 koilarakada oilasko salda
30 ml / 2 koilarakada soja saltsa

Beratu perretxikoak ur epeletan 30 minutuz, ondoren xukatu. Kendu zurtoinak eta moztu txapelak. Oilaskoa xerra finetan moztu. Ondu almendrak eskuzabal gatz eta piperrez eta estali oilasko xerrak almendraz. Berotu olioa eta frijitu oilaskoa sueztitu arte. Gehitu perretxikoak, ur gaztainak, salda eta soja saltsa, irakiten jarri, estali eta sutan jarri minutu batzuetan oilaskoa egosi arte.

Oilaskoa almendra eta barazkiekin

4 lagunentzat

75 ml / 5 koilarakada kakahuete olio

4 jengibre erro xerra, xehatuta

5 ml / 1 koilaratxo gatza

100 g Txinako aza, birrindua

50 g / 2 oz banbu-kimuak, zatituta

50 g perretxikoak, kuboetan moztuta

2 zurtoin apioa, zatituta

3 ur-gaztaina, zatituta

120 ml / 4 fl oz / ½ Kopako oilasko salda

225 g oilasko bularkia, zatituta

15 ml / 1 koilarakada arroz ardoa edo jerez lehorra

50 g elur ilarrak (ilarrak)

100 g almendra xehatuak, txigortuak

10 ml / 2 koilarakada arto-irina (arto-almidoia)

15 ml / 1 koilarakada ur

Berotu olio erdia eta salteatu jengibrea eta gatza 30 segundoz. Gehitu aza, banbu-kimuak, perretxikoak, apioa eta ur-gaztainak eta salteatu 2 minutuz. Gehitu salda, irakiten jarri, estali eta egosi 2 minutuz. Kendu barazkiak eta saltsa zartaginetik. Berotu gainerako olioa eta frijitu oilaskoa minutu 1ez. Gehitu ardoa edo jerez eta erregosi minutu 1 batez. Itzuli barazkiak elur-ilarrak eta almendrak zartaginera eta sutan jarri 30 segundoz. Nahastu arto-irina eta ura ore batean, nahasi saltsan eta sutan jarri, eraginez, saltsa loditu arte.

Oilaskoa Anisarekin

4 lagunentzat

75 ml / 5 koilarakada kakahuete olio

2 tipula, txikituta

1 baratxuri ale, xehatuta

2 jengibre erro xerra txikituta

15 ml / 1 tbsp irina arrunta (helburu guztietarako)

30 ml / 2 koilarakada curry hautsa

450 g oilasko zatituta

15 ml / 1 koilarakada azukre

30 ml / 2 koilarakada soja saltsa

450 ml / ¾ pt / 2 edalontzi oilasko salda

2 izar anis ale

225 g patata, zatituta

Olio erdia berotu eta tipula frijitu apur bat gorritu arte, gero zartaginetik kendu. Berotu gainerako olioa eta salteatu baratxuria eta jengibrea 30 segundoz. Nahastu irina eta curry hautsa eta egosi 2 minutuz. Itzuli tipula zartaginera, gehitu oilaskoa eta frijitu 3 minutuz. Gehitu azukrea, soja saltsa, salda eta anisa, irakiten jarri, estali eta sutan jarri 15 minutuz. Gehitu patatak, jarri berriro irakiten, estali eta sutan jarri beste 20 minutu samurra arte.

Oilaskoa abrikotekin

4 lagunentzat

4 oilasko zati

gatza eta piperbeltza xehatu berria

ehotutako jengibre pixka bat

60 ml / 4 koilarakada kakahuete olio

225 g abrikot kontserbak, erdira banatuta

300 ml / ½ pt / 1¼ edalontzi saltsa gazi-gozoa

30 ml / 2 koilarakada almendra xehatuak, txigortuak

Oilaskoa gatza, piperbeltza eta jengibrearekin ondu. Berotu olioa eta frijitu oilaskoa sueztitu arte. Estali eta egosi 20 minutu inguru bigundu arte, noizean behin buelta emanez. Xukatu olioa. Gehitu abrikotak eta saltsa zartaginera, irakiten jarri, estali eta sutan jarri 5 minutu inguru edo berotu arte. Apaindu almendra malutarekin.

Oilaskoa zainzuriekin

4 lagunentzat

45 ml / 3 koilarakada kakahuete olio
5 ml / 1 koilaratxo gatza
1 baratxuri ale, birrindua
1 udaberriko tipula (eskalola), xehatuta
1 oilasko bularkia, xerratan
30 ml / 2 koilarakada babarrun beltza saltsa
350 g zainzuri, 2,5 cm-ko zatitan moztuta
120 ml / 4 fl oz / ½ Kopako oilasko salda
5 ml / 1 koilaratxo azukre
15 ml / 1 koilarakada arto-irina (arto-almidoia)
45 ml / 3 koilarakada ur

Olio erdia berotu eta gatza, baratxuria eta tipula frijitu pixka bat gorritu arte. Gehitu oilaskoa eta frijitu kolore arina izan arte. Gehitu babarrun beltza saltsa eta irabiatu oilaskoa estaltzeko. Gehitu zainzuriak, salda eta azukrea, irakiten jarri, estali eta egosi 5 minutuz oilaskoa samurra egon arte. Nahastu arto-irina eta ura ore batean, nahasi zartaginean eta sutan jarri, eraginez, saltsa garbitu eta loditu arte.

Berenjena Oilaskoa

4 lagunentzat

225 g oilaskoa, xerratan

15 ml / 1 koilarakada soja saltsa

15 ml / 1 koilarakada arroz ardoa edo jerez lehorra

15 ml / 1 koilarakada arto-irina (arto-almidoia)

1 berenjena (berenjinia), zuritu eta zerrendatan moztu

30 ml / 2 koilarakada kakahuete olio

2 pipermin gorri lehor

2 baratxuri ale, xehatuta

75 ml / 5 koilarakada oilasko salda

Jarri oilaskoa ontzi batean. Nahastu soja saltsa, ardoa edo jerez eta arto-irina, nahasi oilaskoari eta utzi 30 minutuz. Zuritu alberjiniak ur irakinetan 3 minutuz eta ondo xukatu. Berotu olioa eta frijitu piperrak ilun arte, gero kendu eta bota. Gehitu baratxuria eta oilaskoa eta frijitu pixka bat koloreztatu arte. Gehitu salda eta alberjiniak, irakiten jarri, estali eta sutan utzi 3 minutuz, noizean behin irabiatuz.

Oilaskoa hirugiharra bildua

4-6 lagunentzat

225 g oilasko zatitua

30 ml / 2 koilarakada soja saltsa

15 ml / 1 koilarakada arroz ardoa edo jerez lehorra

5 ml / 1 koilaratxo azukre

5 ml / 1 koilaratxo sesamo olio

gatza eta piperbeltza xehatu berria

225 g hirugiharra xerra

1 arrautza, arinki irabiatua

100 g irin arrunta (helburu guztietarako)

frijitu olioa

4 tomate, xerratan

Nahastu oilaskoa soja saltsa, ardoa edo jerez, azukrea, sesamo olioa, gatza eta piperra. Estali eta utzi marinatzen 1 orduz noizean behin nahastuz, ondoren kendu oilaskoa eta bota marinada. Moztu hirugiharra zatitan eta bildu oilasko kuboetan. Irabiatu arrautzak irinarekin arrautza lodi bat lortu arte, behar izanez gero esne pixka bat gehituz. Sartu kuboak arrautzean. Berotu olioa eta frijitu kuboak gorritu arte eta egosi arte. Zerbitzatu cherry tomateekin apaindua.

Oilaskoa baba kimuekin

4 lagunentzat

45 ml / 3 koilarakada kakahuete olio
1 baratxuri ale, birrindua
1 udaberriko tipula (eskalola), xehatuta
1 jengibre erro xerra, xehatuta
225 g oilasko bularkia, malutetan moztuta
225 g babarrun kimu
45 ml / 3 koilarakada soja saltsa
15 ml / 1 koilarakada arroz ardoa edo jerez lehorra
5 ml / 1 koilaratxo arto-irina (arto-almidoia)

Berotu olioa eta salteatu baratxuria, tipula eta jengibrea pixka bat gorritu arte. Gehitu oilaskoa eta frijitu 5 minutuz. Gehitu babarrun kimuak eta frijitu 2 minutuz. Nahasi soja saltsa, ardoa edo jerez eta arto-irina eta frijitu 3 minutu inguru oilaskoa egosi arte.

Oilaskoa babarrun beltz saltsarekin

4 lagunentzat

30 ml / 2 koilarakada kakahuete olio

5 ml / 1 koilaratxo gatza

30 ml / 2 koilarakada babarrun beltza saltsa

2 baratxuri ale, xehatuta

450 g / 1 lb oilaskoa, zatituta

250 ml / 8 fl oz / 1 Kopako salda

1 piper berde, zatituta

1 tipula, txikituta

15 ml / 1 koilarakada soja saltsa

piper xehatu berria

15 ml / 1 koilarakada arto-irina (arto-almidoia)

45 ml / 3 koilarakada ur

Berotu olioa eta salteatu gatza, babarrun beltzak eta baratxuria 30 segundoz. Gehitu oilaskoa eta frijitu pixka bat gorritu arte. Nahasi salda, irakiten jarri, estali eta sutan jarri 10 minutuz. Gehitu piperra, tipula, soja saltsa eta piperra, estali eta egosi beste 10 minutuz. Nahasi arto-irina eta ura ore batean, nahastu saltsan eta sutan jarri, eraginez, saltsa loditu eta oilaskoa samurra egon arte.

Oilaskoa Brokoliarekin

4 lagunentzat

450 g / 1 lb oilasko haragia, zatituta

225 g oilasko gibel

45 ml / 3 tbs irina arrunta (helburu guztietarako)

45 ml / 3 koilarakada kakahuete olio

1 tipula, zatituta

1 piper gorri, zatituta

1 piper berde, zatituta

225 g brokoli loreak

4 anana xerra, zatituta

30 ml / 2 koilarakada tomate purea (pasta)

30 ml / 2 koilarakada hoisin saltsa

30 ml / 2 koilarakada ezti

30 ml / 2 koilarakada soja saltsa

300 ml / ½ pt / 1 ¼ edalontzi oilasko salda

10 ml / 2 koilarakada sesamo olio

Jarri oilaskoa eta oilasko gibelak irinan. Berotu olioa eta salteatu gibela 5 minutuz, gero zartaginetik atera. Gehitu oilaskoa, estali eta salteatu su moderatuan 15 minutuz, noizean behin irabiatuz. Gehitu barazkiak eta anana eta frijitu 8 minutuz. Itzuli oilasko gibelak wok-era, gehitu gainerako osagaiak eta irakiten jarri. Egosi, irabiatuz, saltsa loditu arte.

Oilaskoa aza eta kakahueteekin

4 lagunentzat

45 ml / 3 koilarakada kakahuete olio

30 ml / 2 koilarakada kakahuete

450 g / 1 lb oilaskoa, zatituta

½ aza, karratuetan moztuta

15 ml / 1 koilarakada babarrun beltza saltsa

2 pipermin gorri, xehatuta

5 ml / 1 koilaratxo gatza

Berotu olio zorrotada bat eta frijitu kakahueteak minutu batzuetan, etengabe nahastuz. Kendu, xukatu eta birrindu. Berotu gainerako olioa eta frijitu oilaskoa eta aza sueztitu arte. Kendu zartaginetik. Gehitu babarrun beltza eta pipermina eta frijitu 2 minutuz. Itzuli oilaskoa eta aza zartaginera kakahueteak xehatu eta gatzarekin ondu. Frijitu berotu arte, gero berehala zerbitzatu.

Oilaskoa anaardoekin

4 lagunentzat

30 ml / 2 koilarakada soja saltsa
30 ml / 2 koilarakada arto-irina (arto-almidoia)
15 ml / 1 koilarakada arroz ardoa edo jerez lehorra
350 g oilaskoa, zatituta
45 ml / 3 koilarakada kakahuete olio
2,5 ml / ½ koilaratxo gatza
2 baratxuri ale, xehatuta
225 g perretxikoak, xerratan
100 g ur-gaztaina, xerratan
100 g / 4 oz banbu kimu
50 g elur ilarrak (ilarrak)
225 g / 8 oz / 2 edalontzi anaardo
300 ml / ½ pt / 1 ¼ edalontzi oilasko salda

Nahastu soja saltsa, arto-irina eta ardoa edo jerez, bota oilaskoaren gainean, estali eta marinatu gutxienez ordubetez. Berotu 30 ml / 2 koilarakada olio gatza eta baratxuriarekin eta frijitu baratxuria apur bat gorritu arte. Gehitu oilaskoa marinadarekin eta frijitu 2 minutuz oilaskoa arin gorritu arte. Gehitu perretxikoak, ur-gaztainak, banbu-kimuak eta elur-ilarrak eta salteatu 2 minutuz. Bitartean, gainerako zartagin batean berotu geratzen den olioa eta frijitu anaardoak su motelean minutu batzuetan urre koloreko gorritu arte. Gehitu zartaginean saldarekin, irakiten jarri, estali eta sutan jarri 5 minutuz. Saltsa nahikoa loditu ez bada, irabiatu arto-irina purea koilarakada batekin.

Oilaskoa gaztainekin

4 lagunentzat

225 g oilaskoa, xerratan
5 ml / 1 koilaratxo gatza
15 ml / 1 koilarakada soja saltsa
frijitu olioa
250 ml / 8 fl oz / 1 kopa oilasko salda
200 g ur-gaztaina, txikituta
225 g gaztaina, txikituta
225 g perretxikoak, laurdenetan moztuta
15 ml / 1 koilarakada perrexil freskoa txikitua

Oilaskoari gatza eta soja saltsa bota eta ondo igurtzi oilaskoari. Berotu olioa eta frijitu oilaskoa gorritu arte, gero kendu eta xukatu. Jarri oilaskoa zartagin batean saldarekin, irakiten jarri eta sutan jarri 5 minutuz. Gehitu ur gaztainak, gaztainak eta perretxikoak, estali eta egosi 20 bat minutuz bigundu arte. Zerbitzatu perrexilarekin apaindua.

Txile Oilasko Pikantea

4 lagunentzat

350 g / 1 lb oilasko haragia, kubo txikituta

1 arrautza, arinki irabiatua

10 ml / 2 koilarakada soja saltsa

2,5 ml / ½ koilaratxo arto-irina (arto-almidoia)

frijitu olioa

1 piper berde, zatituta

4 baratxuri ale, xehatuta

2 pipermin gorri, xehatuta

5 ml / 1 koilaratxo piper xehatu berria

5 ml / 1 koilaratxo ardo ozpin

5 ml / 1 koilaratxo ur

2,5 ml / ½ koilaratxo azukre

2,5 ml / ½ koilaratxo piper olioa

2,5 ml / ½ koilaratxo sesamo olioa

Nahastu oilaskoa arrautzarekin, soja saltsaren erdia eta arto-almidoia eta utzi atseden 30 minutuz. Berotu olioa eta frijitu oilaskoa gorritu arte, ondoren ondo xukatu. Bota zartaginetik 15 ml/1 tbsp olio izan ezik, gehitu piperra, baratxuria eta piper gorriaren malutak eta frijitu 30 segundoz. Gehitu piperra, ardo-ozpina, ura eta azukrea eta salteatu 30 segundoz. Itzuli oilaskoa zartaginera eta frijitu minutu batzuetan egosi arte. Zerbitzatu pipermina eta sesamo olioarekin hautseztatuta.

Oilaskoa piperminarekin frijitua

4 lagunentzat

225 g oilaskoa, xerratan

2,5 ml / ½ koilaratxo soja saltsa

2,5 ml / ½ koilaratxo sesamo olioa

2,5 ml / ½ koilaratxo arroz ardo edo jerez lehorra

5 ml / 1 koilaratxo arto-irina (arto-almidoia)

gatza

45 ml / 3 koilarakada kakahuete olio

100 g espinakak

4 udaberriko tipula (eskalola), txikituta

2,5 ml / ½ koilaratxo chili hautsa

15 ml / 1 koilarakada ur

1 tomate, xerratan

Bota oilaskoa soja saltsarekin, sesamo olioarekin, ardoarekin edo jerezarekin, arto-irina erdiarekin eta gatz pixka batekin. Utzi 30 minutuz atseden. Berotu 15 ml/1 koilarakada olio eta frijitu oilaskoa pixka bat gorritu arte. Kendu woketik. Berotu 15 ml/1 tbsp olio eta salteatu espinakak zimeldu arte, eta kendu woketik. Berotu gainerako olioa eta salteatu tipula, chili hautsa, ura eta gainerako arto-irina 2 minutuz. Irabiatu oilaskoa eta frijitu azkar. Jarri espinakak erretilu epel baten inguruan, oilaskoa gainean jarri eta tomateekin apaindu.

Txinako oilaskoa

4 lagunentzat

100 g / 4 oz txinatar hostoak, birrinduak

100 g / 4 oz banbu-kimuak, zerrendatan moztuta

60 ml / 4 koilarakada kakahuete olio

3 udaberriko tipula (scallion), xerratan

2 baratxuri ale, xehatuta

1 jengibre erro xerra, xehatuta

225 g oilasko bularkia, zerrendatan moztuta

45 ml / 3 koilarakada soja saltsa

15 ml / 1 koilarakada arroz ardoa edo jerez lehorra

5 ml / 1 koilaratxo gatza

2,5 ml / ½ koilaratxo azukre

piper xehatu berria

15 ml / 1 koilarakada arto-irina (arto-almidoia)

Zuritu txinatar hostoak eta banbu-kimuak ur irakinetan 2 minutuz. Xukatu eta lehortu. Berotu 45 ml/3 tbsp olio eta frijitu tipula, baratxuria eta jengibrea pixka bat gorritu arte. Gehitu oilaskoa eta frijitu 4 minutuz. Kendu zartaginetik. Berotu gainerako olioa eta salteatu barazkiak 3 minutuz. Gehitu oilaskoa, soja saltsa, ardoa edo jerez, gatza, azukrea eta piper pixka bat eta frijitu minutu 1ez. Nahastu arto-irina ur pixka batekin, nahastu saltsan, eta sutan jarri, eraginez, saltsa garbitu eta loditu arte.

Oilasko Chow Mein

4 lagunentzat

30 ml / 2 koilarakada kakahuete olio

2 baratxuri ale, xehatuta

450g/1lb oilaskoa, xerratan

225 g / 8 oz banbu-kimuak, xerratan

100 g apio xerratan

225 g perretxikoak, xerratan

450 ml / ¾ pt / 2 edalontzi oilasko salda

225 g babarrun kimu

4 tipula, zatitan moztuta

30 ml / 2 koilarakada soja saltsa

30 ml / 2 koilarakada arto-irina (arto-almidoia)

225 g / 8 oz Txinako fideo lehorrak

Berotu olioa baratxuriarekin pixka bat gorritu arte, ondoren oilaskoa gehitu eta 2 minutuz frijitu pixka bat gorritu arte. Gehitu banbu-kimuak, apioa eta perretxikoak eta frijitu 3 minutuz. Gehitu salda gehiena, irakiten jarri, estali eta egosi 8 minutuz. Gehitu babarrun kimuak eta tipula eta 2 minutuz irakiten, nahastuz, salda gutxi geratzen den arte. Nahastu gainerako salda soja saltsarekin eta arto-irizarekin. Sartu zartagin batean eta sutan jarri, irabiatuz, saltsa garbitu eta loditu arte.

Bitartean, egosi tagliatelleak ur gazi irakinetan minutu batzuetan, paketean agertzen diren argibideen arabera. Ondo xukatu, oilasko nahasketarekin gain eta berehala zerbitzatu.

Oilasko Pikante Frijitua Kurruskaria

4 lagunentzat

450 g / 1 lb oilasko haragia, zatitan moztuta

30 ml / 2 koilarakada soja saltsa

30 ml / 2 koilarakada aran saltsa

45 ml / 3 koilarakada mango txutney

1 baratxuri ale, birrindua

2,5 ml / ½ koilaratxo ehotutako jengibre

brandy tanta batzuk

30 ml / 2 koilarakada arto-irina (arto-almidoia)

2 arrautza irabiatuta

100 g / 4 oz / 1 Kopako ogi birrindu lehorra

30 ml / 2 koilarakada kakahuete olio

6 udaberriko tipula (eskalola), txikituta

1 piper gorri, zatituta

1 piper berde, zatituta

30 ml / 2 koilarakada soja saltsa

30 ml / 2 koilarakada ezti

30 ml / 2 koilarakada ardo ozpin

Jarri oilaskoa ontzi batean. Nahastu saltsak, chutney, baratxuria, jengibrea eta pattarra, bota oilaskoari, estali eta 2 orduz marinatzen utzi. Xukatu oilaskoa eta hautsatu arto-iriz. Sartu arrautzak eta gero ogi birrindua. Berotu olioa eta frijitu oilaskoa gorritu arte. Kendu zartaginetik. Gehitu barazkiak eta frijitu 4 minutuz, gero kendu. Xukatu olioa zartaginetik, eta gero oilaskoa eta barazkiak zartaginera itzuli gainerako osagaiekin. Irakiten jarri eta zerbitzatu baino lehen berotu.

Oilasko frijitua pepinoarekin

4 lagunentzat

225 g oilasko haragia

1 arrautza zuringoa

2,5 ml / ½ koilaratxo arto-irina (arto-almidoia)

gatza

½ pepino

30 ml / 2 koilarakada kakahuete olio

100 g txanpinoi perretxikoak

50 g / 2 oz banbu-kimuak, zerrendatan moztuta

50 g urdaiazpikoa, zatituta

15 ml / 1 koilarakada ur

2,5 ml / ½ koilaratxo gatza

2,5 ml / ½ koilaratxo arroz ardo edo jerez lehorra

2,5 ml / ½ koilaratxo sesamo olioa

Oilaskoa zatitu eta zatitan moztu. Nahastu arrautza zuringoarekin, arto-irina eta gatzarekin eta utzi atseden. Moztu pepinoa luzera eta diagonalean xerra lodietan. Berotu olioa eta salteatu oilaskoa pixka bat gorritu arte, gero zartaginetik atera. Gehitu pepinoa eta banbu-kimuak eta frijitu minutu 1z. Itzuli oilaskoa zartaginera urdaiazpikoa, ura, gatza eta ardoa edo jerezarekin. Ekarri irakiten eta egosi oilaskoa bigundu arte. Zerbitzatu sesamo olioz hautseztatuta.

Oilasko curry eta pipermina

4 lagunentzat

120 ml / 4 fl oz / ½ Kopako kakahuete olioa
4 oilasko zati
1 tipula, txikituta
5 ml / 1 koilaratxo curry hautsa
5 ml / 1 koilaratxo piper saltsa
15 ml / 1 koilarakada arroz ardoa edo jerez lehorra
2,5 ml / ½ koilaratxo gatza
600 ml / 1pt / 2½ edalontzi oilasko salda
15 ml / 1 koilarakada arto-irina (arto-almidoia)
45 ml / 3 koilarakada ur
5 ml / 1 koilaratxo sesamo olio

Berotu olioa eta frijitu oilasko zatiak bi aldeetatik gorritu arte, gero zartaginetik kendu. Gehitu tipula, curry hautsa eta pipermina saltsa eta frijitu 1 minutuz. Gehitu ardoa edo jerez eta gatza, ondo nahastu, gero oilaskoa zartaginera itzuli eta berriro nahastu. Gehitu salda, irakiten jarri eta 30 minutu inguru egosi oilaskoa samurra egon arte. Saltsa nahikoa murriztu ez bada, nahastu arto-almidoia eta ura ore batean, irabiatu saltsari eta sutan jarri, eraginez, saltsa loditu arte. Zerbitzatu sesamo olioz hautseztatuta.

Txinako Curry Oilaskoa

4 lagunentzat

45 ml / 3 koilarakada curry hautsa
1 tipula, xerratan
350 g oilaskoa, zatituta
150 ml / ¼ pt / ½ Kopako oilasko salda eskuzabala
5 ml / 1 koilaratxo gatza
10 ml / 2 koilarakada arto-irina (arto-almidoia)
15 ml / 1 koilarakada ur

Berotu curry hautsa eta tipula zartagin lehor batean 2 minutuz, zartagina birrinduz tipula estaltzeko. Gehitu oilaskoa eta irabiatu curry hautsarekin ondo estali arte. Gehitu salda eta gatza, irakiten jarri, estali eta egosi sutan 5 minutu inguru oilaskoa samurra egon arte. Nahastu arto-irina eta ura ore batean, nahasi zartaginean eta sutan jarri, eraginez, saltsa loditu arte.

Curry Oilasko Azkarra

4 lagunentzat

450 g oilasko bularkia zatituta

45 ml / 3 tbsp arroz ardoa edo jerez lehorra

50 g arto-irina (arto-almidoia)

1 arrautza zuringoa

gatza

150 ml / ¼ pt / ½ Kopako handia kakahuete olioa

15 ml / 1 koilarakada curry hauts

10 ml / 2 koilarakada azukre marroia

150 ml / ¼ pt / ½ Kopako oilasko salda eskuzabala

Irabiatu oilasko kuboak eta jerez. Erreserbatu 10 ml/2 tsp arto-irina. Irabiatu arrautza zuringoa gainerako arto-irinarekin eta gatz pixka batekin, ondoren oilaskoari ondo estali arte. Berotu olioa eta frijitu oilaskoa guztiz egosi eta urrezko marroi arte. Kendu zartaginetik eta xukatu 15 ml/1 tbsp olioa izan ezik. Nahastu gordetako arto-irina, curry hautsa eta azukrea eta frijitu minutu 1z. Nahasi salda, irakiten jarri eta sutan jarri, etengabe nahastuz, saltsa loditu arte. Itzuli oilaskoa zartaginera, irabiatu eta berotu berriro zerbitzatu aurretik.

Oilasko curry patatekin

4 lagunentzat

45 ml / 3 koilarakada kakahuete olio

2,5 ml / ½ koilaratxo gatza

1 baratxuri ale, birrindua

750 g oilasko kubo

225 g patata xehatuta

4 tipula, zatitan moztuta

15 ml / 1 koilarakada curry hauts

450 ml / ¾ pt / 2 edalontzi oilasko salda

225 g perretxikoak, xerratan

Berotu olioa gatzarekin eta baratxuriarekin, gehitu oilaskoa eta frijitu pixka bat gorritu arte. Gehitu patatak, tipula eta curry hautsa eta frijitu 2 minutuz. Gehitu salda, irakiten jarri, estali eta egosi 20 minutu inguru oilaskoa egosi arte, noizean behin nahastuz. Gehitu perretxikoak, kendu tapa eta sutan utzi beste 10 minutuz likidoa murriztu arte.

Oilasko Izterrak Frijituak

4 lagunentzat
2 oilasko izter handi, hezurrik gabe
2 tipula txiki (eskalola)
1 xerra jengibre, zapaldua
120 ml / 4 fl oz / ½ Kopako soja saltsa
5 ml / 1 koilaratxo arroz ardo edo jerez lehorra
frijitu olioa
5 ml / 1 koilaratxo sesamo olio
piper xehatu berria

Zabaldu oilasko haragia eta markatu guztia. Irabiatu tipula 1 eta zatitu bestea. Bota tipula purea jengibrearekin, soja saltsarekin eta ardoarekin edo jerezarekin. Bota oilaskoari eta utzi marinatzen 30 minutuz. Kendu eta xukatu. Jarri plater batean parrillan eta lurrunetan jarri 20 minutuz.

Berotu olioa eta frijitu oilaskoa 5 bat minutuz urre kolorekoa izan arte. Kendu zartaginetik, ondo xukatu eta xerra lodietan moztu, gero xerrak zerbitzatu erretilu epel batean. Berotu sesamo olioa, gehitu tipula txikitua eta piperra, bota oilaskoari eta zerbitzatu.

Oilasko frijitua curry saltsarekin

4 lagunentzat

1 arrautza, arinki irabiatua
30 ml / 2 koilarakada arto-irina (arto-almidoia)
25 g / 1 oz / ¼ Kopako irina arrunta (helburu guztietarako)
2,5 ml / ½ koilaratxo gatza
225 g oilasko zatitua
frijitu olioa
30 ml / 2 koilarakada kakahuete olio
30 ml / 2 koilarakada curry hautsa
60 ml / 4 tbsp arroz ardoa edo jerez lehorra

Irabiatu arrautza arto-almidoia, irina eta gatza, arrautza lodi bat lortu arte. Oilaskoari bota eta ondo nahastu estaltzeko. Berotu olioa eta frijitu oilaskoa gorritu eta egosi arte. Bitartean, berotu olioa eta frijitu curry hautsa 1 minutuz. Nahasi ardoa edo jerez eta irakiten jarri. Jarri oilaskoa plater bero batean eta gainera curry saltsa bota.

"mozkortuta" oilaskoa

4 lagunentzat

450 g oilasko xerra, zatitan moztuta
60 ml / 4 koilarakada soja saltsa
30 ml / 2 koilarakada hoisin saltsa
30 ml / 2 koilarakada aran saltsa
30 ml / 2 koilarakada ardo ozpin
2 baratxuri ale, xehatuta
gatz pixka bat
pipermin olio tanta batzuk
2 arrautza zuringoa
60 ml / 4 koilarakada arto-irina (arto-almidoia)
frijitu olioa
200 ml / ½ pt / 1¼ edalontzi arroz ardoa edo jerez lehorra

Jarri oilaskoa ontzi batean. Nahastu saltsak eta ardo ozpina, baratxuria, gatza eta pipermin olioa, bota oilaskoari eta utzi hozkailuan marinatzen 4 orduz. Irabiatu zuringoak gogortu arte eta sartu arto-irinarekin. Kendu oilaskoa marinadatik eta estali arrautza zuringo nahasketarekin. Berotu olioa eta frijitu oilaskoa guztiz egosi eta urrezko marroi arte. Xukatu ondo paper xurgatzaile batean eta jarri ontzi batean. Ardoa edo jerez bota, estali eta utzi hozkailuan 12 orduz marinatzen. Kendu oilaskoa ardotik eta zerbitzatu hoztuta.

Oilaskoa arrautzekin

4 lagunentzat

30 ml / 2 koilarakada kakahuete olio

4 oilasko zati

2 udaberriko tipula (eskalola), txikituta

1 baratxuri ale, birrindua

1 jengibre erro xerra, xehatuta

175 ml / 6 fl oz / ¾ kopa soja saltsa

30 ml / 2 tbsp arroz ardoa edo jerez lehorra

30 ml / 2 koilarakada azukre marroia

5 ml / 1 koilaratxo gatza

375 ml / 13 fl oz / 1½ edalontzi ur

4 arrautza gogorrak (gogor egosiak)

15 ml / 1 koilarakada arto-irina (arto-almidoia)

Berotu olioa eta frijitu oilasko zatiak gorritu arte. Gehitu tipula, baratxuria eta jengibrea eta frijitu 2 minutuz. Gehitu soja saltsa, ardoa edo jerez, azukrea eta gatza eta ondo nahastu. Gehitu ura eta irakiten jarri, estali eta egosi 20 minutuz. Gehitu arrautza gogorrak, estali eta egosi beste 15 minutuz. Nahastu arto-irina ur pixka batekin, nahastu saltsan, eta sutan jarri, eraginez, saltsa garbitu eta loditu arte.

Oilasko Arrautza Erroiluak

4 lagunentzat

4 perretxiko txinatar lehor
100 g oilaskoa, zerrendatan moztuta
5 ml / 1 koilaratxo arto-irina (arto-almidoia)
15 ml / 1 koilarakada soja saltsa
2,5 ml / ½ koilaratxo gatza
2,5 ml / ½ koilaratxo azukre
60 ml / 4 koilarakada kakahuete olio
225 g babarrun kimu
3 udaberriko tipula (eskalola), txikituta
100 g espinakak
12 arrautza biribildu
1 arrautza, irabiatua
frijitu olioa

Beratu perretxikoak ur epeletan 30 minutuz, ondoren xukatu. Kendu zurtoinak eta moztu txapelak. Jarri oilaskoa ontzi batean. Nahastu arto-irina 5 ml / 1 koilaratxo soja saltsarekin, gatza eta azukrea eta irabiatu oilaskoari. Utzi 15 minutuz atseden. Olio erdia berotu eta oilaskoa salteatu apur bat gorritu arte. Zuritu babarrun-kimuak ur irakinetan 3 minutuz, ondoren xukatu. Berotu gainerako olioa eta frijitu tipula pixka bat gorritu arte. Irabiatu perretxikoak, babarrun-kimuak, espinakak eta gainerako soja saltsa. Gehitu oilaskoa eta frijitu 2 minutuz. Utzi hozten. Jarri betegarriren zati bat azal bakoitzaren erdian eta orraztu ertzak arrautza irabiatuarekin. Alboetan tolestu eta gero arrautza-erroiluak bildu, ertzak arrautzarekin zigilatu. Berotu olioa eta frijitu arrautza-erroiluak kurruskaria eta gorritu arte.

Oilasko errea arrautzekin

4 lagunentzat

30 ml / 2 koilarakada kakahuete olio
4 oilasko bularra xerra, zerrendatan moztuta
1 piper gorri, zerrendatan moztuta
1 piper berde, zerrendatan moztuta
45 ml / 3 koilarakada soja saltsa
45 ml / 3 tbsp arroz ardoa edo jerez lehorra
250 ml / 8 fl oz / 1 kopa oilasko salda
100 g iceberg letxuga, birrindua
5 ml / 1 koilaratxo azukre marroia
30 ml / 2 koilarakada hoisin saltsa
gatza eta piperra
15 ml / 1 koilarakada arto-irina (arto-almidoia)
30 ml / 2 koilarakada ur
4 arrautza
30 ml / 2 koilarakada jerez

Berotu olioa eta frijitu oilaskoa eta piperra urrezko gorritu arte. Gehitu soja saltsa, ardoa edo jerez eta salda, irakiten jarri, estali eta irakiten 30 minutuz. Gehitu letxuga, azukrea eta hoisin apainketa eta gatza eta piperbeltza gehitu. Nahastu artoalmidoia eta ura, gehitu saltsari eta irakiten jarri irabiatuz. Irabiatu arrautzak jerezarekin eta frijitu tortilla meheak bezala. Bota gatza eta piperra eta zatitu zerrendatan. Jarri plater epel batean eta bota oilaskoaren gainean.

Ekialde Urruneko oilaskoa

4 lagunentzat

60 ml / 4 koilarakada kakahuete olio
450 g / 1 lb oilasko haragia, zatitan moztuta
2 baratxuri ale, xehatuta
2,5 ml / ½ koilaratxo gatza
2 tipula, txikituta
2 pieza zurtoin jengibrea, xehatuta
45 ml / 3 koilarakada soja saltsa
30 ml / 2 koilarakada hoisin saltsa
45 ml / 3 tbsp arroz ardoa edo jerez lehorra
300 ml / ½ pt / 1¼ edalontzi oilasko salda
5 ml / 1 koilaratxo piper xehatu berria
6 arrautza gogor (gogor egosiak), txikituta
15 ml / 1 koilarakada arto-irina (arto-almidoia)
15 ml / 1 koilarakada ur

Berotu olioa eta frijitu oilaskoa gorritu arte. Gehitu baratxuria, gatza, tipula eta jengibrea eta frijitu 2 minutuz. Gehitu soja saltsa, hoisin saltsa, ardoa edo jerez, salda eta piperra. Ekarri irakiten, estali eta irakiten 30 minutuz. Gehitu arrautzak. Nahastu arto-irina eta ura eta nahasi saltsan. Irakiten jarri eta sutan jarri, irabiatuz, saltsa loditu arte.

Oilasko Foo Yung

4 lagunentzat

6 arrautza, irabiatuta
45 ml / 3 koilarakada arto-irina (arto-almidoia)
100 g perretxiko, lodi txikituta
225 g oilasko bularkia, zatituta
1 tipula, fin-fin txikituta
5 ml / 1 koilaratxo gatza
45 ml / 3 koilarakada kakahuete olio

Arrautzak irabiatu eta gero arto-irina gehitu. Sartu beste osagai guztiak olioa izan ezik. Berotu olioa. Apurka-apurka nahasketa zartaginera bota 7,5 cm inguruko diametroa duten krepe txikiak lortzeko. Egosi hondoa urre kolorekoa izan arte, gero irauli eta egosi beste aldea.

Urdaiazpikoa eta oilaskoa Foo Yung

4 lagunentzat

6 arrautza, irabiatuta

45 ml / 3 koilarakada arto-irina (arto-almidoia)

100 g urdaiazpikoa, zatituta

225 g oilasko bularkia, zatituta

3 udaberriko tipula (eskalola), fin-fin txikituta

5 ml / 1 koilaratxo gatza

45 ml / 3 koilarakada kakahuete olio

Arrautzak irabiatu eta gero arto-irina gehitu. Sartu beste osagai guztiak olioa izan ezik. Berotu olioa. Apurka-apurka nahasketa zartaginera bota 7,5 cm inguruko diametroa duten krepe txikiak lortzeko. Egosi hondoa urre kolorekoa izan arte, gero irauli eta egosi beste aldea.

Oilasko frijitua jengibrearekin

4 lagunentzat

1 oilasko, erditik moztuta
4 jengibre erro xerra, xehatuta
30 ml / 2 tbsp arroz ardoa edo jerez lehorra
30 ml / 2 koilarakada soja saltsa
5 ml / 1 koilaratxo azukre
frijitu olioa

Jarri oilaskoa azaleko ontzi batean. Nahastu jengibrea, ardoa edo jerez, soja saltsa eta azukrea, bota oilaskoa eta igurtzi azala. Utzi 1 orduz marinatzen. Berotu olioa eta frijitu oilaskoa, erdi banaka, kolore arina izan arte. Kendu oliotik eta utzi pixka bat hozten olioa berotzen duzun bitartean. Itzuli oilaskoa zartaginera eta frijitu gorritu eta egosi arte. Xukatu ondo zerbitzatu aurretik.

Jengibre Oilaskoa

4 lagunentzat

225 g oilaskoa, xerra finetan

1 arrautza zuringoa

gatz pixka bat

2,5 ml / ½ koilaratxo arto-irina (arto-almidoia)

15 ml / 1 koilarakada kakahuete olio

10 jengibre erro xerra

6 perretxiko, erdira banatuta

1 azenario, xerratan

2 udaberriko tipula (scallion), xerratan

5 ml / 1 koilaratxo arroz ardo edo jerez lehorra

5 ml / 1 koilaratxo ur

2,5 ml / ½ koilaratxo sesamo olioa

Nahastu oilaskoa arrautza zuriarekin, gatzarekin eta arto-irinarekin. Berotu olioaren erdia eta frijitu oilaskoa pixka bat gorritu arte, gero zartaginetik atera. Berotu gainerako olioa eta salteatu jengibrea, perretxikoak, azenarioa eta tipula 3 minutuz. Itzuli oilaskoa zartaginera ardoarekin edo jerezarekin eta urarekin eta egosi sutan oilaskoa bigundu arte. Zerbitzatu sesamo olioz hautseztatuta.

Jengibrezko oilaskoa perretxiko eta gaztainekin

4 lagunentzat

60 ml / 4 koilarakada kakahuete olio

225 g tipula, xerratan

450 g / 1 lb oilasko haragia, zatituta

100 g perretxikoak, xerratan

30 ml/2 koilarakada irina arrunta (helburu guztietarako)

60 ml / 4 koilarakada soja saltsa

10 ml / 2 koilarakada azukre

gatza eta piperbeltza xehatu berria

900 ml / 1½ pt / 3¾ edalontzi ur beroa

2 jengibre erro xerra txikituta

450 g ur-gaztaina

Olio erdia berotu eta tipula frijitu 3 minutuz, gero zartaginetik kendu. Berotu gainerako olioa eta frijitu oilaskoa sueztitu arte.

Gehitu perretxikoak eta egosi 2 minutuz. Nahasketa irinarekin hautseztatu ondoren soja saltsa, azukrea, gatza eta piperra irabiatu. Bota ura eta jengibrea, tipula eta gaztainak. Ekarri irakiten, estali eta egosi 20 minutuz. Kendu tapa eta jarraitu irakiten saltsa txikitu arte.

Urrezko oilaskoa

4 lagunentzat

8 oilasko zati txiki
300 ml / ½ pt / 1 ¼ edalontzi oilasko salda
45 ml / 3 koilarakada soja saltsa
15 ml / 1 koilarakada arroz ardoa edo jerez lehorra
5 ml / 1 koilaratxo azukre
1 jengibre erro xerratan, xehatuta

Jarri osagai guztiak zartagin handi batean, irakiten jarri, estali eta irakiten 30 minutu inguru oilaskoa egosi arte. Kendu tapa eta jarraitu irakiten saltsa txikitu arte.

Urrezko oilasko gisatua marinatua

4 lagunentzat

4 oilasko zati

300 ml / ½ pt / 1 ¼ edalontzi soja saltsa

frijitu olioa

4 udaberriko tipula (eskalola), xerra lodietan moztuta

1 jengibre erro xerra, xehatuta

2 pipermin gorri, xerratan

3 izar anis ale

50 g / 2 oz banbu-kimuak, xerratan

150 ml / 1 ½ pt / ½ Kopako oilasko salda eskuzabala

30 ml / 2 koilarakada arto-irina (arto-almidoia)

60 ml / 4 koilarakada ur

5 ml / 1 koilaratxo sesamo olio

Oilaskoa zati handitan moztu eta soja saltsan marinatzen utzi 10 minutuz. Kendu eta xukatu, soja saltsa erreserbatuz. Berotu olioa eta frijitu oilaskoa 2 minutuz, pixka bat gorritu arte. Kendu eta xukatu. 30 ml/2 koilarakada olio guztia bota, gero tipula, jengibrea, pipermina eta izar anisa eta frijitu minutu 1 batez. Itzuli oilaskoa banbu-kimuekin eta erreserbatutako soja saltsarekin zartaginera eta gehitu nahikoa salda oilaskoa estaltzeko. Ekarri irakiten eta egosi 10 minutu inguru oilaskoa samurra egon arte. Kendu oilaskoa saltsatik koilaratxo batekin eta jarri plater epel batean. Iragazi saltsa eta itzuli zartaginera. Nahastu arto-irina eta

Oilasko lurrunetan urdaiazpikoarekin

4 lagunentzat

4 oilasko zati
100 g urdaiazpiko ketua, xehatuta
3 udaberriko tipula (eskalola), txikituta
15 ml / 1 koilarakada kakahuete olio
gatza eta piperbeltza xehatu berria
15 ml / 1 koilarakada hosto laua perrexila

Moztu oilasko zatiak 5 cm / 1 zatitan eta jarri laberako ontzi batean urdaiazpikoarekin eta tipula batekin. Olioa bota eta gatza eta piperbeltza bota, gero osagaiak astiro-astiro nahastu. Jarri ontzia erretilu batean lurrunetan, estali eta lurrun irakiten ur gainean 40 minutu inguru oilaskoa samurra egon arte. Zerbitzatu perrexilarekin apaindua.

Oilaskoa Hoisin saltsarekin

4 lagunentzat

4 oilasko zati, erdira banatuta

50 g / 2 oz / ½ Kopako arto-irina (arto-almidoia)

frijitu olioa

10 ml / 2 koilarakada jengibre erro birrindua

2 tipula, txikituta

225 g brokoli loreak

1 piper gorri, txikituta

225 g perretxiko botoiak

250 ml / 8 fl oz / 1 kopa oilasko salda

45 ml / 3 tbsp arroz ardoa edo jerez lehorra

45 ml / 3 koilarakada sagardo ozpin

45 ml / 3 koilarakada hoisin saltsa

20 ml / 4 koilarakada soja saltsa

Estali oilasko zatiak arto-irina erdian. Berotu olioa eta frijitu oilasko zatiak aldi berean 8 bat minutuz urrezko marroia eta egosi arte. Kendu zartaginetik eta xukatu paperezko eskuoihaletan. Kendu zartaginetik 30 ml/2 koilarakada olio guztia izan ezik eta salteatu jengibrea minutu 1ez. Gehitu tipula eta frijitu 1 minutuz. Gehitu brokolia, piperra eta perretxikoak eta frijitu 2 minutuz. Konbinatu salda gordetako arto-irizarekin eta gainerako osagaiekin eta bota zartagin batean. Ekarri irakiten, irabiatuz, eta egosi saltsa garbitu arte. Itzuli oilaskoa wok-era eta egosi, irabiatuz, 3 minutu inguru berotu arte.

Ezti oilaskoa

4 lagunentzat

30 ml / 2 koilarakada kakahuete olio
4 oilasko zati
30 ml / 2 koilarakada soja saltsa
120 ml / 4 fl oz / ½ Kopako arroz ardoa edo jerez lehorra
30 ml / 2 koilarakada ezti
5 ml / 1 koilaratxo gatza
1 udaberriko tipula (eskalola), xehatuta
1 xerra jengibre erroa, fin-fin txikituta

Berotu olioa eta frijitu oilaskoa alde guztietatik gorritu arte. Xukatu gehiegizko olioa. Gainerako osagaiak nahastu eta zartaginera bota. Ekarri irakiten, estali eta egosi 40 minutu inguru oilaskoa egosi arte.

Kung Pao oilaskoa

4 lagunentzat

450 g oilasko zatituta

1 arrautza zuringoa

5 ml / 1 koilaratxo gatza

30 ml / 2 koilarakada arto-irina (arto-almidoia)

60 ml / 4 koilarakada kakahuete olio

25 g piper gorri lehorra, zurituta

5 ml / 1 koilaratxo baratxuri xehatua

15 ml / 1 koilarakada soja saltsa

15 ml / 1 koilarakada arroz ardoa edo jerez lehorra 5 ml / 1 koilarakada azukre

5 ml / 1 koilaratxo ardo ozpin

5 ml / 1 koilaratxo sesamo olio

30 ml / 2 koilarakada ur

Jarri oilaskoa ontzi batean arrautza zuringoarekin, gatzarekin eta arto-almidoiaren erdiarekin eta utzi marinatzen 30 minutuz. Berotu olioa eta frijitu oilaskoa pixka bat gorritu arte, gero zartaginetik kendu. Berotu olioa eta 2 minutuz salteatu txipak eta baratxuriak. Itzuli oilaskoa zartaginera soja saltsarekin, ardoarekin edo jerezarekin, azukrea, ardo-ozpina eta sesamo olioarekin eta frijitu 2 minutuz. Gainerako arto-irina urarekin nahastu, zartaginera nahastu eta sutan jarri, eraginez, saltsa garbitu eta loditu arte.

Oilaskoa Porruarekin

4 lagunentzat

30 ml / 2 koilarakada kakahuete olio
5 ml / 1 koilaratxo gatza
225 g porru, xerratan
1 jengibre erro xerra, xehatuta
225 g oilaskoa, xerra finetan
15 ml / 1 koilarakada arroz ardoa edo jerez lehorra
15 ml / 1 koilarakada soja saltsa

Olio erdia berotu eta gatza eta porrua frijitu apur bat gorritu arte, gero zartaginetik atera. Berotu gainerako olioa eta frijitu jengibrea eta oilaskoa pixka bat gorritu arte. Gehitu ardoa edo jerez eta soja saltsa eta frijitu beste 2 minutuz oilaskoa egosi arte. Itzuli porruak zartaginera eta irabiatu berotu arte. Zerbitzatu berehala.

Oilaskoa Limoiarekin

4 lagunentzat

4 oilasko hezurrik gabeko bularra
2 arrautza
50 g / 2 oz / ½ Kopako arto-irina (arto-almidoia)
50 g / 2 oz / ½ Kopako irina arrunta (helburu guztietarako)
150 ml / ¼ pt / ½ kopa handia ur
frijitzeko kakahuete olioa
250 ml / 8 fl oz / 1 kopa oilasko salda
60 ml / 5 koilarakada limoi zuku
30 ml / 2 tbsp arroz ardoa edo jerez lehorra
30 ml / 2 koilarakada arto-irina (arto-almidoia)
30 ml / 2 koilarakada tomate purea (pasta)
1 letxuga buru

Moztu oilasko bularra 4 zatitan. Irabiatu arrautzak, arto-almidoia eta 00 irina, ur nahikoa gehituz arrautza lodi bat lortzeko. Jarri oilasko zatiak arrautzean eta irabiatu guztiz estali arte. Berotu olioa eta frijitu oilaskoa gorritu eta egosi arte.

Bitartean, nahastu salda, limoi zukua, ardoa edo jerez, arto-irina eta tomate purea eta berotu astiro-astiro, irabiatuz, irakiten den arte. Egosi, etengabe nahastuz, saltsa loditu eta garbitu arte. Jarri oilaskoa erretilu epel batean letxuga hostoen gainean eta bota saltsa gainean edo zerbitzatu aparte.

Zartaginean Limoi Oilaskoa

4 lagunentzat

450g/1lb hezurrik gabeko oilaskoa, xerratan

30 ml / 2 koilarakada limoi zuku

15 ml / 1 koilarakada soja saltsa

15 ml / 1 koilarakada arroz ardoa edo jerez lehorra

30 ml / 2 koilarakada arto-irina (arto-almidoia)

30 ml / 2 koilarakada kakahuete olio

2,5 ml / ½ koilaratxo gatza

2 baratxuri ale, xehatuta

50 g ur-gaztaina, zerrendatan moztuta

50 g / 2 oz banbu-kimuak, zerrendatan moztuta

txinatar hosto batzuk, zerrendatan moztuta

60 ml / 4 koilarakada oilasko salda

15 ml / 1 koilarakada tomate purea (pasta)

15 ml / 1 koilarakada azukre

15 ml / 1 koilarakada limoi zuku

Jarri oilaskoa ontzi batean. Nahastu limoi zukua, soja saltsa, ardoa edo jerez eta 15 ml/1 tbsp arto-irina, bota oilaskoaren gainean eta utzi ordubetez marinatzen, noizean behin buelta emanez.

Berotu olioa, gatza eta baratxuria baratxuria apur bat gorritu arte, ondoren oilaskoa eta marinada gehitu eta 5 minutu inguru frijitu oilaskoa apur bat gorritu arte. Gehitu ur gaztainak, banbu-kimuak eta txinatar hostoak eta frijitu beste 3 minutuz edo oilaskoa egosi arte. Gehitu gainerako osagaiak eta frijitu 3 minutu inguru saltsa garbitu eta loditu arte.

Oilasko gibelak banbu-kimuekin

4 lagunentzat

225 g oilasko gibela, xerra lodietan moztuta
45 ml / 3 tbsp arroz ardoa edo jerez lehorra
45 ml / 3 koilarakada kakahuete olio
15 ml / 1 koilarakada soja saltsa
100 g / 4 oz banbu-kimuak, xerratan
100 g ur-gaztaina, xerratan
60 ml / 4 koilarakada oilasko salda
gatza eta piperbeltza xehatu berria

Nahastu oilasko gibelak ardoarekin edo jerezarekin eta utzi 30 minutuz. Berotu olioa eta frijitu oilasko gibela sueztitu arte. Gehitu marinada, soja saltsa, banbu-kimuak, ur-gaztainak eta salda. Irakiten jarri eta gatza eta piperbeltzarekin ondu. Estali eta irakiten 10 bat minutuz bigundu arte.

Oilasko Gibel Frijitua

4 lagunentzat

450g/1lb oilasko gibelak, erdibituak
50 g / 2 oz / ½ Kopako arto-irina (arto-almidoia)
frijitu olioa

Lehortu oilasko gibelak eta hautsatu arto-iriz, gehiegizkoak astinduz. Berotu olioa eta frijitu oilasko gibela minutu batzuetan urrezko marroia eta egosi arte. Xukatu paper xurgatzaile batean zerbitzatu aurretik.

Oilasko Gibelak Mangetoutarekin

4 lagunentzat

225 g oilasko gibela, xerra lodietan moztuta

10 ml / 2 koilarakada arto-irina (arto-almidoia)

10 ml / 2 koilarakada arroz ardoa edo jerez lehorra

15 ml / 1 koilarakada soja saltsa

45 ml / 3 koilarakada kakahuete olio

2,5 ml / ½ koilaratxo gatza

2 xerra jengibre erro, xehatuta

100 g / 4 oz mangetout (elurrezko ilarrak)

10 ml / 2 koilarakada arto-irina (arto-almidoia)

60 ml / 4 koilarakada ur

Jarri oilasko gibelak ontzi batean. Gehitu arto-irina, ardoa edo jerez eta soja saltsa eta ondo nahastu estaltzeko. Olio erdia berotu eta gatza eta jengibrea frijitu pixka bat gorritu arte. Gehitu elur-ilarrak eta frijitu olioz ondo estali arte, gero zartaginetik atera. Berotu gainerako olioa eta frijitu oilasko gibela 5 minutuz egosi arte. Nahastu arto-irina eta ura ore batean, nahasi zartaginean eta sutan jarri, eraginez, saltsa garbitu eta loditu arte. Itzuli tigrea zartaginera eta egosi sutan berotu arte.

Oilasko gibelak fideo krepearekin

4 lagunentzat

30 ml / 2 koilarakada kakahuete olio
1 tipula, xerratan
450g/1lb oilasko gibelak, erdibituak
2 apio makila, xerratan
120 ml / 4 fl oz / ½ Kopako oilasko salda
15 ml / 1 koilarakada arto-irina (arto-almidoia)
15 ml / 1 koilarakada soja saltsa
30 ml / 2 koilarakada ur
fideo krepe

Berotu olioa eta frijitu tipula bigundu arte. Gehitu oilasko gibelak eta frijitu gorritu arte. Gehitu apioa eta frijitu 1 minutuz. Gehitu salda, irakiten jarri, estali eta egosi 5 minutuz. Nahastu arto-irina, soja saltsa eta ura ore batean, nahasi zartaginean eta sutan jarri, eraginez, saltsa garbitu eta loditu arte. Bota nahasketa krepe orearen gainean eta zerbitzatu.

Oilasko gibelak ostra saltsarekin

4 lagunentzat

45 ml / 3 koilarakada kakahuete olio

1 tipula, txikituta

225 g oilasko gibela, erdira banatuta

100 g perretxikoak, xerratan

30 ml / 2 koilarakada ostra saltsa

15 ml / 1 koilarakada soja saltsa

15 ml / 1 koilarakada arroz ardoa edo jerez lehorra

120 ml / 4 fl oz / ½ Kopako oilasko salda

5 ml / 1 koilaratxo azukre

15 ml / 1 koilarakada arto-irina (arto-almidoia)

45 ml / 3 koilarakada ur

Berotu olio erdia eta frijitu tipula bigundu arte. Gehitu oilasko gibelak eta frijitu kolore arina izan arte. Gehitu perretxikoak eta frijitu 2 minutuz. Nahastu ostra saltsa, soja saltsa, ardoa edo jerez, salda eta azukrea, bota zartaginera eta irakiten jarri nahastuz. Nahastu arto-irina eta ura ore batean, gehitu zartaginean eta sutan jarri, nahastuz, saltsa garbitu eta loditu eta gibelak samurrak egon arte.

Oilasko gibelak ananarekin

4 lagunentzat

225 g oilasko gibela, erdira banatuta

45 ml / 3 koilarakada kakahuete olio

30 ml / 2 koilarakada soja saltsa

15 ml / 1 koilarakada arto-irina (arto-almidoia)

15 ml / 1 koilarakada azukre

15 ml / 1 koilarakada ardo ozpin

gatza eta piperbeltza xehatu berria

100 g anana zati

60 ml / 4 koilarakada oilasko salda

Zuritu oilasko gibelak ur irakinetan 30 segundoz, ondoren xukatu. Berotu olioa eta salteatu oilasko gibela 30 segundoz. Nahastu soja saltsa, arto-almidoia, azukrea, ardo-ozpina, gatza eta piperra, bota zartaginera eta ondo nahastu oilasko gibelak estaltzeko. Gehitu anana zatiak eta salda eta frijitu 3 minutu inguru gibelak egosi arte.

Oilasko gibel gazi-gozoa

4 lagunentzat

30 ml / 2 koilarakada kakahuete olio

450 g/1lb oilasko gibela, laurdenetan moztuta

2 piper berde, zatitan moztuta

4 anana xerra kontserbak, zatitan moztuta

60 ml / 4 koilarakada oilasko salda

30 ml / 2 koilarakada arto-irina (arto-almidoia)

10 ml / 2 koilarakada soja saltsa

100 g / 4 oz / ½ Kopako azukre

120 ml / 4 fl oz / ½ kopa ardo ozpina

120 ml / 4 fl oz / ½ Kopako ur

Berotu olioa eta frijitu gibelak apur bat gorritu arte, gero ontzi bero batera eraman. Gehitu piperrak zartaginean eta frijitu 3 minutuz. Gehitu anana eta salda, irakiten jarri, estali eta egosi 15 minutuz. Gainerako osagaiak ore batean nahastu, zartaginean nahastu eta sutan jarri, eraginez, saltsa loditu arte. Isuri oilasko gibelari eta zerbitzatu.

Oilaskoa Litxiarekin

4 lagunentzat

3 oilasko bularra

60 ml / 4 koilarakada arto-irina (arto-almidoia)

45 ml / 3 koilarakada kakahuete olio

5 udaberriko tipula (scallion), xerratan

1 piper gorri, zatitan moztuta

120 ml / 4 fl oz / ½ Kopako tomate saltsa

120 ml / 4 fl oz / ½ Kopako oilasko salda

5 ml / 1 koilaratxo azukre

275 g / 10 oz litxi zuritu

Oilasko bularkiak erdira moztu eta hezurrak eta azala kendu eta bota. Ebaki bular bakoitza 6tan. Erreserbatu 5 ml/1 koilaratxo arto-irina eta salteatu oilaskoa gainerakoan ondo estali arte. Berotu olioa eta frijitu oilaskoa 8 bat minutuz gorritu arte. Gehitu tipula eta piperra eta frijitu 1 minutuz. Nahastu tomate saltsa, salda erdia eta azukrea eta nahasi wok-era litxiekin. Ekarri irakiten, estali eta egosi 10 minutu inguru oilaskoa egosi arte. Nahasi erreserbatutako arto-irina eta salda, gero zartaginean. Egosi, irabiatuz, saltsa garbitu eta loditu arte.

Oilaskoa litxi saltsarekin

4 lagunentzat

225 g oilasko

1 udaberriko tipula (eskalola)

4 ur-gaztaina

30 ml / 2 koilarakada arto-irina (arto-almidoia)

45 ml / 3 koilarakada soja saltsa

30 ml / 2 tbsp arroz ardoa edo jerez lehorra

2 arrautza zuringoa

frijitu olioa

400 g litxi kontserbak almibarretan

5 koilarakada oilasko salda

Txikitu (luratu) oilaskoa udaberriko tipula eta ur-gaztainekin. Nahasi arto-irina, 30 ml/2 tbsp soja saltsa, ardoa edo jerez eta arrautza zuringoak. Osatu nahasketa intxaur baten tamainako bolak. Berotu olioa eta frijitu oilaskoa gorritu arte. Xukatu paper xurgatzaile batean.

Bitartean, berotu astiro-astiro lichi almibarra salda eta erreserbatutako soja saltsarekin. Gainerako arto-irina ur pixka batekin nahastu, zartaginera nahastu eta sutan jarri, eraginez, saltsa garbitu eta loditu arte. Litxiak nahastu eta sutan jarri berotzeko. Antolatu oilaskoa erretilu epel batean, bota litxiak eta saltsak eta berehala zerbitzatu.

Oilaskoa Mangetoutarekin

4 lagunentzat

225 g oilaskoa, xerra finetan
5 ml / 1 koilaratxo arto-irina (arto-almidoia)
5 ml / 1 koilaratxo arroz ardo edo jerez lehorra
5 ml / 1 koilaratxo sesamo olio
1 arrautza zuringoa, arinki irabiatua
45 ml / 3 koilarakada kakahuete olio
1 baratxuri ale, birrindua
1 jengibre erro xerra, xehatuta
100 g / 4 oz mangetout (elurrezko ilarrak)
120 ml / 4 fl oz / ½ Kopako oilasko salda
gatza eta piperbeltza xehatu berria

Bota oilaskoa arto-irina, ardoa edo jerez, sesamo olioa eta arrautza zuringoarekin. Olio erdia berotu eta baratxuria eta jengibrea frijitu pixka bat gorritu arte. Gehitu oilaskoa eta frijitu gorritu arte, gero zartaginetik kendu. Berotu gainerako olioa eta frijitu elurra ilarrak 2 minutuz. Gehitu salda, irakiten jarri, estali eta egosi 2 minutuz. Itzuli oilaskoa zartaginera eta gatza eta piperbeltzarekin ondu. Egosi berotu arte.

Oilaskoa Mangoekin

4 lagunentzat

100 g / 4 oz / 1 Kopako irina arrunta (helburu guztietarako)
250 ml / 8 fl oz / 1 edalontzi ur
2,5 ml / ½ koilaratxo gatza
hauts pixka bat
3 oilasko bularra
frijitu olioa
1 jengibre erro xerra, xehatuta
150 ml / ¼ pt / ½ Kopako oilasko salda eskuzabala
45 ml / 3 koilarakada ardo ozpin
45 ml / 3 tbsp arroz ardoa edo jerez lehorra
20 ml / 4 koilarakada soja saltsa
10 ml / 2 koilarakada azukre
10 ml / 2 koilarakada arto-irina (arto-almidoia)
5 ml / 1 koilaratxo sesamo olio
5 udaberriko tipula (scallion), xerratan
400 g mango kontserba, xukatu eta zerrendatan moztuta

Nahastu irina, ura, gatza eta legamia. Utzi 15 minutuz atseden. Kendu eta bota oilaskoari azala eta hezurrak. Moztu oilaskoa zerrenda meheetan. Nahastu irina nahasketara. Berotu olioa eta frijitu oilaskoa 5 bat minutuz urre kolorekoa izan arte. Kendu zartaginetik eta xukatu paperezko eskuoihaletan. Kendu 15 ml/1 koilarakada olio guztia wok-etik eta salteatu jengibrea apur bat gorritu arte. Nahastu salda ardo-ozpinarekin, ardoarekin edo jerezarekin, soja saltsarekin, azukrea, arto-irina eta sesamo olioarekin. Gehitu zartaginean eta irakiten jarri irabiatuz. Gehitu udaberriko tipula eta egosi 3 minutuz. Gehitu oilaskoa eta mangoa eta egosi sutan, eraginez, 2 minutuz.

Oilaskoa eta meloia

4 lagunentzat

350 g oilasko haragia
6 ur-gaztaina
2 bieira oskol
4 jengibre erro xerra
5 ml / 1 koilaratxo gatza
15 ml / 1 koilarakada soja saltsa
600 ml / 1pt / 2½ edalontzi oilasko salda
8 meloi txiki edo 4 ertain

Oilaskoa, gaztainak, bieira eta jengibrea fin-fin txikitu eta gatza, soja saltsa eta saldarekin nahastu. Moztu meloiaren gainaldea eta bildu haziak. Goiko ertzak zerratu. Bete meloiak oilasko nahasketarekin eta jarri erretilu batean lurrunetan. Egosi ur irakinaren gainean 40 minutuz oilaskoa egosi arte.

Oilasko eta perretxikoak frijituak

4 lagunentzat

45 ml / 3 koilarakada kakahuete olio
1 baratxuri ale, birrindua
1 udaberriko tipula (eskalola), xehatuta
1 jengibre erro xerra, xehatuta
225 g oilasko bularkia, malutetan moztuta
225 g perretxiko botoiak
45 ml / 3 koilarakada soja saltsa
15 ml / 1 koilarakada arroz ardoa edo jerez lehorra
5 ml / 1 koilaratxo arto-irina (arto-almidoia)

Berotu olioa eta salteatu baratxuria, tipula eta jengibrea pixka bat gorritu arte. Gehitu oilaskoa eta frijitu 5 minutuz. Gehitu perretxikoak eta frijitu 3 minutuz. Gehitu soja saltsa, ardoa edo jerez eta arto-irina eta frijitu 5 minutu inguru oilaskoa egosi arte.

Oilaskoa perretxiko eta kakahueteekin

4 lagunentzat

30 ml / 2 koilarakada kakahuete olio

2 baratxuri ale, xehatuta

1 jengibre erro xerra, xehatuta

450 g / 1 lb hezurrik gabeko oilaskoa, kubo txikituta

225 g perretxiko botoiak

100 g / 4 oz banbu-kimuak, zerrendatan moztuta

1 piper berde zatitua

1 piper gorri, zatituta

250 ml / 8 fl oz / 1 kopa oilasko salda

30 ml / 2 tbsp arroz ardoa edo jerez lehorra

15 ml / 1 koilarakada soja saltsa

15 ml / 1 koilarakada tabasco saltsa

30 ml / 2 koilarakada arto-irina (arto-almidoia)

30 ml / 2 koilarakada ur

Berotu olioa, baratxuria eta jengibrea baratxuria pixka bat gorritu arte. Gehitu oilaskoa eta frijitu pixka bat gorritu arte. Gehitu perretxikoak, banbu-kimuak eta piperrak eta frijitu 3 minutuz. Gehitu salda, ardoa edo jerez, soja saltsa eta Tabasco saltsa eta jarri irakiten nahastuz. Estali eta egosi 10 minutu inguru oilaskoa guztiz egosi arte. Nahastu arto-almidoia eta ura eta irabiatu saltsan. Egosi, eraginez, saltsa garbitu eta loditu arte, salda edo ur pixka bat gehiago gehituz saltsa lodiegi badago.

Oilasko frijitua perretxikoekin

4 lagunentzat

6 perretxiko txinatar lehor
1 oilasko bularra, xerra finetan
1 jengibre erro xerra, xehatuta
2 udaberriko tipula (eskalola), txikituta
15 ml / 1 koilarakada arto-irina (arto-almidoia)
15 ml / 1 koilarakada arroz ardoa edo jerez lehorra
30 ml / 2 koilarakada ur
2,5 ml / ½ koilaratxo gatza
45 ml / 3 koilarakada kakahuete olio
225 g perretxikoak, xerratan
100 g babarrun kimu
15 ml / 1 koilarakada soja saltsa
5 ml / 1 koilaratxo azukre
120 ml / 4 fl oz / ½ Kopako oilasko salda

Beratu perretxikoak ur epeletan 30 minutuz, ondoren xukatu. Kendu zurtoinak eta moztu txapelak. Jarri oilaskoa ontzi batean. Nahastu jengibrea, udaberriko tipula, arto-irina, ardoa edo jerez, ura eta gatza, irabiatu oilaskoa eta utzi ordubetez. Berotu olioaren erdia eta salteatu oilaskoa pixka bat gorritu arte, gero zartaginetik atera. Berotu gainerako olioa eta salteatu perretxiko lehorrak eta freskoak eta babarrun-kimuak 3 minutuz. Gehitu soja saltsa, azukrea eta salda, irakiten jarri, estali eta irakiten 4 minutuz barazkiak samurrak egon arte. Itzuli oilaskoa zartaginera, ondo nahastu eta astiro-astiro berotu zerbitzatu aurretik.

Oilasko lurrunetan perretxikoekin

4 lagunentzat

4 oilasko zati

30 ml / 2 koilarakada arto-irina (arto-almidoia)

30 ml / 2 koilarakada soja saltsa

3 udaberriko tipula (eskalola), txikituta

2 jengibre erro xerra txikituta

2,5 ml / ½ koilaratxo gatza

100 g perretxikoak, xerratan

Moztu oilasko zatiak 5 cm / 2 zatitan eta jarri laberako ontzi batean. Nahastu arto-irina eta soja saltsa ore batean, irabiatu tipula, jengibrea eta gatza eta ondo nahastu oilaskoarekin. Poliki-poliki tolestu perretxikoak. Jarri ontzia erretilu batean lurrunetan, estali eta lurrunean egosi ur sutan 35 minutuz, oilaskoa samurra egon arte.

Oilaskoa Tipularekin

4 lagunentzat

60 ml / 4 koilarakada kakahuete olio
2 tipula, txikituta
450g/1lb oilaskoa, xerratan
30 ml / 2 tbsp arroz ardoa edo jerez lehorra
250 ml / 8 fl oz / 1 kopa oilasko salda
45 ml / 3 koilarakada soja saltsa
30 ml / 2 koilarakada arto-irina (arto-almidoia)
45 ml / 3 koilarakada ur

Berotu olioa eta frijitu tipula pixka bat gorritu arte. Gehitu oilaskoa eta frijitu pixka bat gorritu arte. Gehitu ardoa edo jerez, salda eta soja saltsa, irakiten jarri, estali eta egosi 25 minutuz oilaskoa samurra egon arte. Nahasi arto-irina eta ura ore batean, nahasi zartaginean eta sutan jarri, eraginez, saltsa garbitu eta loditu arte.

Oilaskoa laranja eta limoiarekin

4 lagunentzat

350 g/1lb oilasko haragia, zerrendatan moztuta

30 ml / 2 koilarakada kakahuete olio

2 baratxuri ale, xehatuta

2 xerra jengibre erro, xehatuta

laranja erdiko azala birrindua

limoi erdiaren azala birrindua

45 ml / 3 koilarakada laranja zuku

45 ml / 3 koilarakada limoi zuku

15 ml / 1 koilarakada soja saltsa

3 udaberriko tipula (eskalola), txikituta

15 ml / 1 koilarakada arto-irina (arto-almidoia)

45 ml / 1 koilarakada ur

Zuritu oilaskoa ur irakinetan 30 segundoz, ondoren xukatu. Berotu olioa eta salteatu baratxuria eta jengibrea 30 segundoz. Gehitu laranja eta limoi azala eta zukua, soja saltsa eta tipula eta salteatu 2 minutuz. Gehitu oilaskoa eta egosi sutan minutu batzuk oilaskoa samurra egon arte. Nahasi arto-irina eta ura ore batean, nahasi zartaginean eta sutan jarri, eraginez, saltsa loditu arte.

Oilaskoa ostra saltsarekin

4 lagunentzat

30 ml / 2 koilarakada kakahuete olio

1 baratxuri ale, birrindua

1 xerra jengibre, fin-fin txikituta

450g/1lb oilaskoa, xerratan

250 ml / 8 fl oz / 1 kopa oilasko salda

30 ml / 2 koilarakada ostra saltsa

15 ml / 1 koilarakada arroz ardo edo jerez

5 ml / 1 koilaratxo azukre

Berotu olioa baratxuri eta jengibrearekin eta frijitu pixka bat gorritu arte. Gehitu oilaskoa eta frijitu 3 minutu inguru sueztitu arte. Gehitu salda, ostra saltsa, ardoa edo jerez eta azukrea, irakiten jarri nahastuz, eta gero estali eta irakiten 15 minutu inguru, noizean behin irabiatuz, oilaskoa egosi arte. Kendu tapa eta jarraitu egosten, irabiatuz, 4 minutu inguru saltsa murriztu eta loditu arte.

Kakahuete Gurina Oilaskoa

4 lagunentzat

4 oilasko bularra, zatituta
gatza eta piperbeltza xehatu berria
5 ml / 1 koilaratxo bost espezia hauts
45 ml / 3 koilarakada kakahuete olio
1 tipula, zatituta
2 azenario, zatituta
1 apio makila, zatituta
300 ml / ½ pt / 1¼ edalontzi oilasko salda
10 ml / 2 koilarakada tomate-pasta (kontzentratua)
100 g kakahuete gurina
15 ml / 1 koilarakada soja saltsa
10 ml / 2 koilarakada arto-irina (arto-almidoia)
azukre marroi pixka bat
15 ml / koilarakada 1 tipulin txikitua

Oilaskoa gatza, piperbeltza eta bost espezieko hautsarekin ondu. Berotu olioa eta frijitu oilaskoa bigundu arte. Kendu zartaginetik. Gehitu barazkiak eta frijitu bigundu arte, baina oraindik kurruskaria izan arte. Nahastu salda tipulina izan ezik beste osagai batzuekin, zartaginean nahasi eta irakiten jarri.

Itzuli oilaskoa zartaginera eta berotu, irabiatuz. Zerbitzatu azukrearekin hautsita.

Oilaskoa ilarrekin

4 lagunentzat

60 ml / 4 koilarakada kakahuete olio
1 tipula, txikituta
450 g / 1 lb oilaskoa, zatituta
gatza eta piperbeltza xehatu berria
100 g / 4 oz ilar
2 zurtoin apioa, txikituta
100 g perretxiko txikituta
250 ml / 8 fl oz / 1 kopa oilasko salda
15 ml / 1 koilarakada arto-irina (arto-almidoia)
15 ml / 1 koilarakada soja saltsa
60 ml / 4 koilarakada ur

Berotu olioa eta frijitu tipula pixka bat gorritu arte. Gehitu oilaskoa eta frijitu kolorea izan arte. Ondu gatza eta piperra eta gehitu ilarrak, apioa eta perretxikoak eta ondo nahastu. Gehitu salda, irakiten jarri, estali eta egosi 15 minutuz. Nahasi arto-irina, soja saltsa eta ura ore batean, nahasi zartaginean eta sutan jarri, eraginez, saltsa garbitu eta loditu arte.

Pekingo Oilaskoa

4 lagunentzat

4 oilasko zati

gatza eta piperbeltza xehatu berria

5 ml / 1 koilaratxo azukre

1 udaberriko tipula (eskalola), xehatuta

1 jengibre erro xerra, xehatuta

15 ml / 1 koilarakada soja saltsa

15 ml / 1 koilarakada arroz ardoa edo jerez lehorra

15 ml / 1 koilarakada arto-irina (arto-almidoia)

frijitu olioa

Jarri oilasko zatiak azaleko ontzi batean eta bota gatza eta piperbeltza. Nahastu azukrea, tipula, jengibrea, soja saltsa eta ardoa edo jerez, igurtzi oilaskoa, estali eta marinatu 3 orduz. Xukatu oilaskoa eta hautsatu arto-iriz. Berotu olioa eta frijitu oilaskoa gorritu eta egosi arte. Xukatu ondo zerbitzatu aurretik.

Oilaskoa Piperrekin

4 lagunentzat

60 ml / 4 koilarakada soja saltsa

45 ml / 3 tbsp arroz ardoa edo jerez lehorra

45 ml / 3 koilarakada arto-irina (arto-almidoia)

450 g oilaskoa, xehatuta (lurra)

60 ml / 4 koilarakada kakahuete olio

2,5 ml / ½ koilaratxo gatza

2 baratxuri ale, xehatuta

2 piper gorri, zatituta

1 piper berde zatitua

5 ml / 1 koilaratxo azukre

300 ml / ½ pt / 1 ¼ edalontzi oilasko salda

Nahastu soja saltsa erdia, ardoa edo jerez erdia eta arto-irina erdia. Oilaskoari bota, ondo nahastu eta utzi marinatzen gutxienez ordubetez. Berotu olio erdia gatzarekin eta baratxuriarekin baratxuria arin gorritu arte. Gehitu oilaskoa eta marinada eta frijitu 4 minutu inguru oilaskoa zuria izan arte, gero zartaginetik kendu. Gehitu gainerako olioa zartaginean eta salteatu piperrak 2 minutuz. Gehitu azukrea zartaginean geratzen den soja saltsarekin, ardoarekin edo jerezarekin eta arto-irinarekin eta ondo nahastu. Gehitu salda, irakiten jarri eta sutan sutan jarri, eraginez, saltsa loditu arte. Itzuli oilaskoa zartaginera, estali eta egosi 4 minutuz oilaskoa egosi arte.

Oilaskoa piperrekin frijitua

4 lagunentzat

1 oilasko bularra, xerra finetan

2 xerra jengibre erro, xehatuta

2 udaberriko tipula (eskalola), txikituta

15 ml / 1 koilarakada arto-irina (arto-almidoia)

30 ml / 2 tbsp arroz ardoa edo jerez lehorra

30 ml / 2 koilarakada ur

2,5 ml / ½ koilaratxo gatza

45 ml / 3 koilarakada kakahuete olio

100 g ur-gaztaina, xerratan

1 piper gorri, zerrendatan moztuta

1 piper berde, zerrendatan moztuta

1 piper horia, zerrendatan moztuta

30 ml / 2 koilarakada soja saltsa

120 ml / 4 fl oz / ½ Kopako oilasko salda

Jarri oilaskoa ontzi batean. Nahastu jengibrea, udaberriko tipula, arto-irina, ardoa edo jerez, ura eta gatza, irabiatu oilaskoa eta utzi ordubetez. Berotu olioaren erdia eta salteatu oilaskoa pixka bat gorritu arte, gero zartaginetik atera. Gainerako olioa berotu eta ur gaztainak eta piperrak frijitu 2 minutuz. Gehitu soja saltsa eta salda, irakiten jarri, estali eta irakiten 5 minutuz barazkiak samurrak egon arte. Itzuli oilaskoa zartaginera, ondo nahastu eta astiro-astiro berotu zerbitzatu aurretik.

www.ingramcontent.com/pod-product-compliance
Lightning Source LLC
Chambersburg PA
CBHW050345120526
44590CB00015B/1569